Inteligencia emocional Transformación mental de 21 días para dominar tus emociones, mejorar tus habilidades sociales y lograr mejores relaciones

Written By

Rodrigo Pacheco

Créditos

Tabla de contenido

4

Introducción

Cada movimiento que hacemos, cada pequeña acción que llevamos a cabo en el día a día trae consigo una reacción emocional en nosotros. Somos seres abiertos a la emocionalidad, lo aceptemos o no, es precisamente sobre esta realidad de nuestra esencia que surge la necesidad de gestionar de la mejor manera posible el aluvión de emociones que atravesamos durante cada día de nuestras vidas. Una verdad incuestionable es que, a menudo, somos esclavos de nuestra mente subconsciente. En ella albergamos un sinfín de inseguridades, creencias y condicionamientos que funcionan como engranajes independientes de nuestra mente superficial.

El propósito de este libro es brindarte todas las herramientas para que manejes tus emociones con inteligencia, evitando así que estas tomen el control de tu vida y te alejen del éxito. Y es que, después de todo, seamos conscientes o no, todos los seres humanos aspiramos vivir una existencia plena y feliz. La felicidad es una necesidad profundamente arraigada a nuestro código genético. Salvo en muy contadas excepciones (donde se evidencias incongruencias mentales, psíquicas), todos buscamos alcanzar el punto más alto de nuestras capacidades como individuos. Este libro que hoy tienes entre tus manos y que has empezado a leer se encarga de responder a las preguntas más comunes en torno a la emocionalidad humana. ¿Eres realmente libre o vives en el interior de una celda construida con tus propios sentimientos?

Otra característica que encontrarás a lo largo de las siguientes páginas es que están plagadas de buenas noticias. Noticias que, interpretadas de acuerdo a nuestra propia realidad, tienen el potencial de servir como plataforma de despegue para mejorar tus condiciones de vida a niveles insospechados. Antes de avanzar con el primer capítulo, hazte la siguiente pregunta: ¿por qué la mayoría de las personas han decidido vivir atrapadas en una celda emocional en lugar de enfocarse al éxito? La verdad es que no se trata de una decisión consciente y deliberada. Intervienen muchos factores que conocerás más adelante. Pero, al margen de esto, ¿es posible retomar el control de nuestras decisiones y acciones? ¡Por supuesto que lo es! Más que posible, es una obligación contigo mismo, con ese ser humano en el que quieres convertirte.

Las decenas de pautas, recomendaciones, técnicas y reflexiones que encontrarás en este libro constituirán, a partir de ahora, un punto de inflexión en tu vida. A lo largo de mi trayectoria he sido testigo y causante de transformaciones tan radicales como positivas. Por favor no malinterpretes esto como un golpe de arrogancia. Todo lo contrario, siento que he sido testigo e instrumento pero no protagonista en los maravillosos cambios surgidos en personas que siempre conservaron en ellos el poder de transformar sus condiciones de vida. Mi participación en ello se redujo a explicar algunos enfoques fundamentales, pero la fortaleza, el carácter y el verdadero poder se encuentra instalado en ti. Como ser humano, somos maravillosos. Pasa que, con el transcurrir del tiempo, dejamos de hacernos conscientes de esta realidad.

La estructura de este libro ha sido diseñada para que te reencuentres contigo mismo, con tus capacidades. Muchas veces nos dejamos vencer sin siquiera haber dado la batalla. Yo mismo he llegado a tirar la toalla sin siquiera intentarlo. Con el tiempo tomé la irrevocable decisión de retomar las riendas de mi vida y, desde entonces, todo ha ido para mejor.

En el primer capítulo, ¿Qué es la inteligencia emocional?, abriremos el telón de este increíble tema con las definiciones y conceptos más elementales para entender un tema que ha calado profundamente en el imaginario colectivo y que, desde su popularización, ha estado presente en los debates más apasionados y lúcidos del desarrollo personal. Conceptos como el EQ o el IQ, y sus respectivas diferencias, por mencionar solo una de las distintas columnas que consolidan el tema central de este libro.

El segundo capítulo, que lleva por título Las emociones y el temperamento, está compuesto por una serie de subcapítulos, segmentos y reflexiones que giran en torno a la imposibilidad de ser eficientes, plenos y felices sin construir una mentalidad emocional fuerte.

El tercer capítulo va orientado a darte todas las herramientas necesarias para que desarrolles una mentalidad de éxito a través de ejercicios y prácticas de atención plena. Descubrirás todos los beneficios que esta práctica traerá a tu vida y cómo darle un cambio significativo a tu estructura de pensamientos.

En el cuarto capítulo, Competencias personales y sociales, el paseo va tomando forma. ¿Quieres mejorar tus habilidades sociales? Antes deberás entender cuáles son tus debilidades, en qué estás fallando, y a partir de este diagnóstico diseñar acciones correctivas pertinentes.

Uno de los capítulos más increíbles es el que viene a continuación, Entendiendo el desgaste emocional. El quinto capítulo es un ejercicio de autoevaluación y diagnóstico sobre nuestro entorno social. ¿Sabes lo que significa la expresión vampiros de la energía? Como podrás intuir, estos son seres humanos que absorben nuestra vitalidad hasta dejarnos convertidos en un manojo de apatía, impotencia y desinterés. Los segmentos de este capítulo no solo te enseñarán a reconocerlos, también cómo librarte de ellos y ser feliz.

En el sexto capítulo, y ya teniendo una idea mucho más clara de lo que significa ser emocionalmente inteligente, te daré algunas claves y tips para que apliques este concepto en ámbitos fundamentales como el trabajo y la casa. Entendiendo, pues, que como animales sociales estamos expuestos a que la emocionalidad tenga incidencia negativa en nuestro desarrollo externo. La buena noticia es que al término de estos segmentos sabrás qué hacer, cómo y cuándo. Te lo aseguro.

En cuanto a las habilidades de la inteligencia emocional (cuáles son y cómo estas cambiarán tu presente), y el arte de la comunicación efectiva, estos temas tan neurálgicos son tratados en el séptimo capítulo. Siempre desde un enfoque y un lenguaje sencillo, idóneos para aprender al tiempo que ponemos en práctica cada sugerencia.

Los últimos dos capítulos (Consejos y trucos y Preguntas frecuentes) vienen a cerrar el círculo de este inmenso proceso de aprendizaje. Si apenas empiezas a interesarte en el tema de la inteligencia emocional, te aseguro que este más que un tema tradicional es una forma de entender el mundo, una visión de la realidad *desde* nosotros mismos, desde la aceptación y la comprensión.

Capítulo 1
¿Qué es la inteligencia emocional?

¿Por qué la expresión inteligencia emocional supuso una verdadera revolución en el mundo? ¿Realmente es posible manejar nuestras emociones con inteligencia? Siendo seres naturalmente emocionales, ¿es posible controlar nuestra reacción frente a los acontecimientos del día a día? ¿Qué es lo que realmente significa eso de la inteligencia emocional? Estas son algunas de las preguntas más elementales que se plantean quienes han mostrado algún tipo de interés en el tema que aquí nos reúne. Muchas de estas interrogantes tienen respuestas concretas, concisas e incuestionables, y serán abordadas a lo largo de este primer capítulo.

Este capítulo es el primero de la lista por una razón de funcionalidad. La mejor manera de abocarnos en el estudio y conocimiento de un tema es conocer sus bases, las columnas que sostienen su popularidad e implicación en esferas

13

tan diversas y relevantes como la productividad, el trabajo y el perfeccionamiento de las habilidades sociales. El mundo está cambiando y con él nuestra percepción del mismo. Hace algunas décadas atrás se consideraba que la inteligencia era dominar al dedil determinada habilidad técnica (los ingenieros, en este sentido, como la punta más alta del canon), pero con el tiempo y los grandes descubrimientos de hombres como Daniel Goleman (quien definió, desarrollo y promulgó la expresión inteligencia emocional), la definición de inteligencia ha tomado nuevos matices. La siguiente reflexión fue extraída del libro Inteligencia emocional, de Daniel Goleman, publicado en 1995. En ella encontrarás una idea bastante clara de los conflictos acaecidos en torno a una idea *cuadriculada y finita* de la inteligencia humana:

> Cualquier concepción de la naturaleza humana que soslaye el poder de las emociones pecará de una lamentable miopía. De hecho, a la luz de las recientes pruebas que nos ofrece la ciencia sobre el papel desempeñado por las emociones en nuestra vida, hasta el mismo término homo sapiens —la especie pensante— resulta un tanto equivo-

co. Todos sabemos por experiencia propia que nuestras decisiones y nuestras acciones dependen tanto —y a veces más— de nuestros sentimientos como de nuestros pensamientos. Hemos sobrevalorado la importancia de los aspectos puramente racionales (de todo lo que mide el CI) para la existencia humana pero, para bien o para mal, en aquellos momentos en que nos vemos arrastrados por las emociones, nuestra inteligencia se ve francamente desbordada.

En este sentido, y dándole continuidad a la premisa planteada por el doctor Daniel Goleman, he preparado el siguiente capítulo. En primer lugar ahondaremos en la definición más versátil de Inteligencia emocional, analizando las 10 ventajas que esta proveerá a tu vida una vez que la interiorices y apliques en cualquier ámbito de la misma. En última instancia se definirán y remarcarán las diferencias más considerables en cuanto a los parámetros cociente intelectual y cociente emocional. ¿Qué significan? ¿Qué les diferencian? ¿En qué coinciden? Un primer capítulo que te llevará a dar tus primeros pasos en tu crecimiento personal.

¿Qué es la inteligencia emocional?

En resumidas cuentas, la inteligencia emocional es la capacidad de un individuo para gestionar de la mejor forma posible (con todo lo que ello implica) sus emociones. Muchas consideran que la inteligencia emocional es mucho más importante que la inteligencia técnica, y aunque en cierto sentido tienen razón no es conveniente establecer una disputa entre dos modelos de inteligencia que potencian las posibilidades de la sociedad en lo concerniente a su desarrollo integral. El conjunto de competencias y aptitudes de la inteligencia emocional son varias y serán abordadas más adelante con mayor profundidad.

Por ahora es fundamental que tú, querido lector, empieces a familiarizarte con la idea de que existe un tipo de inteligencia que vaya más allá de lo meramente técnico. Este tipo de inteligencia es tanto o más importante que la identificada con las siglas IQ (cociente de inteligencia). Te daré un ejemplo para que comprendas mejor esto.

Supongamos por un instante que un programador es contratado para diseñar una nueva aplicación móvil. En principio, a este profesional se le contrata por sus habilidades técnicas. Esto quiere decir: debe tener amplia experiencia en la programación de determinado lenguaje y en determinado ambiente. Además, debe ser capaz de elaborar minuciosos informes semanales en los que reflejará sus avances en el proyecto. Dicho informe será leído por los accionistas e interesados en que el proyecto salga al mercado lo más pronto posible. Las habilidades técnicas serán evaluadas conforme avance el proyecto. De igual manera, no se le habría dado la oportunidad de no haber sido por un riguroso proceso de selección en el que el programador tuvo que demostrar sus conocimientos técnicos de acuerdo a las especificaciones del cargo.

Llegado el momento, el profesional tiene que *defender* su proyecto frente a la junta de accionistas. Pero, como sucede con frecuencia, su informe está plagado de tecnicismos y expresiones propias de la programación. Es de esperarse que los accionistas, más dedicados a los negocios que a la jerga tecnológica, no comprendan del todo lo que el programador quiere decir. Hacen las mismas preguntas una y otra vez, se ofuscan, no entienden nada. El programador más temprano que tarde pierde la paciencia y responde groseramente a la enésima pregunta de uno de los accionistas. Está iracundo, molesto y harto. Se gritan unos a otros. Sin darse cuenta han entrado en una dinámica de impotencia y estrés que empieza a dominar el contexto. En un espasmo de rabia, uno de los accionistas decide *echar* al programador.

En resumen: pese a que el programador hizo un buen trabajo, fallaron sus habilidades comunicativas y su control emocional. En consecuencia, perdió una oportunidad que pudo ser importante en su crecimiento profesional. Esto es lo que sucede cuando una persona domina la inteligencia *técnica* pero adolece de su control emocional. Esto es, en esencia, la inteligencia emocional.

10 ventajas inobjetables de la inteligencia emocional

Te haces un mejor líder: no en vano los psicólogos y profesionales encargados de los procesos de selección en las empresas más importantes del mundo empiezan a girar sus procesos en torno a la idea de la inteligencia emocional, especialmente cuando se trata de reclutar a personas para llevar a cabo cargos de importancia estratégica, con equipo a cargo y visión de negocio. Los mejores gerentes y vicepresidentes tienen en su haber la inteligencia emocional como una competencia de éxito. Es indudable que quien sabe moderarse en escenarios complejos tiene un mejor hábito para tomar decisiones trascendentales, tanto en el ámbito corporativo como en el personal.

Perfeccionas tus habilidades comunicativas: la clave es la confianza. Una persona que tiene un alto nivel de control emocional se abstiene siempre de emitir juicios de valor, de dirigir culpas a otros. Este es un atributo bien apreciado por todas las personas. Después de todo, ¿a quién le gusta que le señalen cuando las cosas se ponen medianamente complejas? La inteligencia emocional está asociada con un perfeccionamiento incuestionable de las habilidades comunicativas en muchos aspectos. En primer lugar, porque nos comunicamos desde el mensaje y no desde el prejuicio; en segundo lugar porque desarrollamos empatía, une elemento más que valioso para cualquier relación social funcional.

Aprendes a trabajar en equipo: en el mismo orden de la ventaja anterior, las personas con sólida inteligencia emocional trabajan mejor en equipo, son idóneas para generar una cohesión entre colegas y trabajar concienzudamente en un objetivo común. Si todavía tienes dudas acerca de por qué es tan importante entender y conectar con nuestra emotividad más básica, esta es una ventaja que ganarás en comparación con aquellos individuos viscerales, prejuiciosos y corrosivos para cualquier relación, bien sea laboral, intelectual o social. Inteligencia emocional también significa entender y gestionar las emociones de los demás. Aceptarlas, tratarlas con compasión y generar respuestas en este sentido.

Creces intelectualmente: quienes construyen un entorno basado en el respeto y la confianza construyen al mismo tiempo una cultura de apoyo y beneficio mutuo. Piénsalo por un momento: estos ambientes son agradables, positivos y gratificantes, sobre todo para quienes pasan mucho tiempo en esta interacción. Por ejemplo: grupos de trabajo, familias, amigos o seres queridos. Las culturas colaborativas duran más tiempo porque se establece como base la buena voluntad de quienes le conforman. Esta es una ventaja que aplica en lugares de trabajo o cualquier otro espacio en el que se presente un grupo de individuos trabajando por una meta en común.

Te vuelves un ser compasivo: saber cómo acercarse y conectar con los demás es algo que lamentablemente hemos dejado de lado. La necesidad de *ganar*, de *sacar ventaja* ha hecho que las personas sean cada vez más frívolas, individualistas y superficiales. Sin embargo, quienes tienen un buen manejo de sus emociones entienden que la compasión es un eje fundamental para construir mejores relaciones humanas. La inteligencia emocional promueve la compasión y la empatía partiendo de la necesidad de que quienes se comunican sin emitir juicios, sin trasladar culpas, se conectan más profundamente con su entorno.

Ganas enteros en motivación: ¿tienes idea de lo que significa enfrentar adversidades, vicisitudes de las más complejas sin que ello implique tirar la toalla? Es totalmente normal sentir por momentos que no damos más, que estamos extenuados, pero las personas que son emocionalmente inteligentes saben dejar atrás estos momentos para seguir luchando en la consecución de sus metas. Aceptan que hay situaciones que escapan de sus manos, asimilan las emociones resultantes y siguen creciendo. Una característica *diferenciadora* de estas personas es que se enfocan en sus propósitos en lugar de culpar a otras personas por lo que ocurre. Tiene todo el sentido del mundo, si lo piensas, ¿para qué desgastarse buscando culpas si podemos aprender del contexto y seguir creciendo?

Eres consciente de ti mismo: sin lugar a dudas, una de las ventajas más significativas de todas las que componen esta lista. Los testimonios señalan que las personas con un cociente emocional alto tienen un mejor diálogo interno. Se tratan con amabilidad, compasión y cariño, porque entienden que las emociones forman parte de la vida. Además, están genuinamente comprometidas con su crecimiento, con su desarrollo como individuos, por lo que promueven una relación funcional con ellos mismos a través del perdón, de la aceptación y del cultivo de hábitos cónsonos, herramientas más que necesarias para mantener la paz mental en tiempos convulsos como los que se viven diariamente.

Mejoras tu productividad: ¿tienes dificultades para lidiar adecuadamente con los conflictos propios de la vida? Si algo tienen en común las personas emocionalmente inteligentes es que no se dejan vencer por las adversidades. Han desarrollado un sentido de la prudencia y de la aceptación que les ayuda a sobrellevar malos momentos sin ceder el poder de sus decisiones a la "emocionalidad", a la "calentura" del momento. Me refiero a que pueden tomar decisiones con cabeza fría con independencia del contexto, lo que les hace personas más productivas y eficaces en el cumplimiento de sus tareas.

Relaciones interpersonales y románticas de calidad: la joya escondida de la lista. ¿Quién no quiere tener una gran relación con sus amigos, familiares, compañeros sentimentales? Una de las razones por las que esto es tan complicado para muchos es que no se permiten evaluar la situación desde otro punto de vista que no sea el propio. Aquí entra en juego la empatía, esa competencia que nos ayuda a "ponernos en los zapatos del otro". Si eres emocionalmente inteligente, sabes que cada interacción trae consigo una respuesta emotiva. Sabes también que las emociones no siempre son positivas. Por lo tanto, comprendes y aceptas la emocionalidad de la otra persona, lo que abre un puente para una comunicación más abierta e idónea.

Cociente intelectual y cociente emocional, ¿en qué se diferencian?

No hay razón para que exista una conflictividad entre ambos términos, sin embargo, algunos especialistas mantienen una postura estrecha de la inteligencia, entendiéndola de una forma rígida que no acepta premisas o enfoques transversales (no opuestos). Este conflicto fue tratado por Daniel Goleman, quien afirmó lo siguiente:

> ¿Qué factores entran en juego, por ejemplo, cuando personas con un elevado CI no saben qué hacer mientras que otras, con un modesto, o incluso con un bajo CI, lo hacen sorprendentemente bien? Mi tesis es que esta diferencia radica con mucha frecuencia en el conjunto de habilidades que hemos dado en llamar inteligencia emocional, habilidades entre las que destacan el autocontrol, el entusiasmo, la perseverancia y la capacidad para motivarse a uno mismo. Y todas estas capacidades, como podremos comprobar, pueden enseñarse a los niños, brindándoles así la oportunidad de sacar el mejor rendimiento posible al potencial intelectual que les haya correspondido en la lotería genética.

El cociente intelectual no es tan sencillo de medir como pudiéramos suponer. Esto es totalmente comprensible si tenemos en cuenta que el intelecto del ser humano es muy complejo e intervienen una cantidad incuantificable de elementos que no siempre son evaluados en su justa medida. Sin embargo, existen muchas pruebas o tests que se precian de darnos un acercamiento bastante funcional de nuestras posibilidades intelectuales. Según Merriam-Webster, el coeficiente intelectual está *"determinado por la proporción de la edad mental (según se informa en una prueba estandarizada) a la edad cronológica multiplicada por 100, o una puntuación determinada por el desempeño de una prueba de inteligencia estandarizada en relación con el desempeño promedio de otras personas de la misma edad"*.

Por otro lado, el cociente emocional es ese puñado de habilidades y hábitos que nos permiten manejar con prudencia todas las emociones que llegan a nosotros en el transcurso de la vida. Aunque también existen muchas evaluaciones que buscan medir este cociente, sus elementos a menudo son subjetivos y difíciles de tipificar. En líneas generales, el cociente emocional está constituido por 5 componentes neurálgicos:

1. La autorregulación.
2. La autoconciencia.

3. La motivación.

4. La conciencia social.

5. La regulación social.

El ejemplo mostrado al inicio de este capítulo es una demostración bastante clara de lo que significan la inteligencia emocional y la técnica. Lo ideal es que exista un equilibrio funcional entre ambas. Mientras que el cociente intelectual determina la capacidad de una persona para desarrollar tareas técnicas, repetitivas y muy necesarias en el ámbito de la consecución de objetivos; la inteligencia emocional provee herramientas para sobrellevar con inteligencia las muchas vicisitudes que puedan presentarse en el camino. Siguiendo la idea que nos plantea Daniel Goleman, conviene desligarnos de prejuicios que nos llevan a una visión estrecha de la inteligencia. El mundo tal como lo conocemos demuestra, día tras día, que el manejo inteligente de las emociones es tan importante como la capacidad de concretar tareas técnicas con eficiencia.

Tengo la certeza de que, a partir de ahora, tendrás una visión mucho más amplia de las competencias y habilidades que una persona necesita para alcanzar una vida plena, feliz y exitosa. Y es que, ¿qué sentido tiene ser el ser humano más virtuoso sobre la faz de la tierra si carecemos de la inteligencia emocional suficiente para ser feliz? El aporte de Daniel Goleman ha revolucionado mucho de lo que hasta entonces entendíamos como inteligencia, de allí la relevancia de su obra, que ha resistido la prueba del tiempo.

Capítulo 2
Las emociones y el tempe-
ramento

Gran parte de los esfuerzos bieninten-
cionados que tratan de revertir las riva-
lidades fracasan en gran medida porque
la confianza funciona de forma compleja
en las relaciones. La investigación
muestra que la confianza se basa tanto
en la razón como en las emociones. Si
nos dirigimos negativamente hacia una
persona —normalmente, porque percibimos alguna amenaza relacionada con
ella—, la razón se modificará para coin-
cidir con esos sentimientos negativos.

Por eso, las enemistades pueden llevar
la confianza a un callejón sin salida: los
nuevos hechos y argumentos, no importa lo creíbles y lógicos que sean, se
pueden ver como estratagemas que
persiguen el engaño. Este efecto no es
solo psicológico, es también fisiológico.
Cuando sentimos emociones negativas,
la sangre se retira de la parte pensante
del cerebro, la corteza cerebral, e irriga
las partes más antiguas y menos sus-
ceptibles a obedecer nuestra voluntad,
el tallo «reptiliano», paralizando el pro-
cesamiento de nueva información.
Harvard Business Review.

Con frecuencia escuchas que tus amigos se refieren a ti como alguien "con un pésimo temperamento"? ¿O sucede que, en caso contrario, has llegado a sentir que careces de carácter? Este es un capítulo que busca enseñarte algunas pautas relacionadas al temperamento como constructo de la personalidad. Muchos de los segmentos que leerás a continuación son el resultado de años de estudio, análisis y práctica de la inteligencia emocional como visión de vida. De manera que, si existe algo que puedo afirmar con mucha certeza, es que he visto de todo. El quid del asunto que trata este capítulo no es si el temperamento es algo intrínsecamente bueno o intrínsecamente malo... la cuestión es, ¿qué podemos hacer para que este, si es el caso, no afecte nuestro relacionamiento con los demás, nuestro crecimiento personal?

La siguiente reflexión fue extraída del libro *Controlando sus emociones*, del experto Rolando Leal:

> En nuestra vida diaria constantemente estamos recibiendo impresiones del exterior, las cuales nos impactan en nuestra afectividad, por lo que siempre estamos sintiendo alguna emoción. Al

mismo tiempo el funcionamiento orgánico en su dinamismo genera energías que se activan en forma involuntaria, de tal manera que se presentan como emociones positivas o negativas dependiendo si el cuerpo físico está funcionando bien o si tiene alguna deficiencia o malestar. Por otro lado tenemos los procesos psíquicos normales que a su vez generan emociones también, cuantas veces la persona está sola y al estar recordando algo, comienza a sentirse alegre o triste dependiendo de sus recuerdos.

Las "energías que se activan de forma involuntaria", tal como refiere el autor en la cita anterior, son los mecanismos que debes aprender a controlar por muchas razones que evaluaremos más adelante. Aspectos como la definición clásica del temperamento, los tipos de temperamento según las ciencias sociales, de qué manera el temperamento puede volverse un enemigo, cuál es el papel de la timidez en este tópico son solo algunas de las muchas aristas que se presentan en este apasionante tema. Todas las características que construyen nuestra personalidad tienen aspectos negativos y positivos, esto no está en debate. La verdadera pregunta es: ¿podemos perfeccionar lo que somos, nuestras condiciones psíquicas, para que estas nos lleven a una vida plena y feliz? Atrévete a continuar la lectura y encontrarás la respuesta a esta interrogante que ha mantenido en vilo a la humanidad desde sus primeros días. ¿Es el temperamento un atributo constructivo o destructivo?

¿Qué es el temperamento?

Definir los rasgos de personalidad de las personas ha sido la gran prioridad de psicólogos y psiquiatras desde tiempos inmemoriales. Basta echar un rápido vistazo a la web para encontrar infinidad de artículos, especializados o no, en el que cientos de personas buscan tipificar la personalidad de un individuo de acuerdo a las características más pronunciadas de su comportamiento. Si bien es cierto que entender los patrones conductuales de alguien es una herramienta desde todos los puntos de vista, también lo es que el simple diagnóstico de una situación no resuelve por sí mismo los conflictos que se deriven de este.

En cada uno de nosotros se manifiestan distintos tipos de conductas, muchas asociadas a las circunstancias externas y otras que se encuentran profundamente arraigadas en nosotros. Estas, en sumatoria, componen lo que popularmente se conoce como "nuestra forma de ser". Se comprende por temperamento, pues, los componentes de la personalidad de un individuo. Según autores como C.R. Cloninger:

"… el temperamento implica diferencias individuales en el hábito de aprendizaje, es decir en el aprendizaje de procedimientos y consta de cuatro sistemas de hábitos, de cuatro dimensiones: 1) Evitación de peligro. 2) Búsqueda de novedades 3) Dependencia de la recompensa. 4) Persistencia. Las desviaciones del temperamento originarían trastornos de la personalidad."

Al margen de las siempre interesantes disquisiciones de los especialistas en el comportamiento humano, también es válido analizar la definición popular, esa que entendemos todos los que día tras día vivimos la experiencia del temperamento. De acuerdo al diccionario de la Real Academia Española, el temperamento puede ser definido como: carácter, manera de ser o de reaccionar de las personas. Hasta el momento, el temperamento ha sido dividido en 4 tipos esenciales.

Sanguíneo: nada es más sencillo que "identificar" a alguien que pertenece al grupo de quienes tienen un temperamento sanguíneo. Se les reconoce con mucha facilidad porque son personas alegres, con buena vibra, que a menudo toman el protagonismo en las reuniones sociales hasta convertirse en el alma de la fiesta. Como características elementales, son personas sensibles y muy cálidas, y aunque exteriorizan una imagen de autoconfianza y seguridad, en la mayoría de los casos no es así. En su fuero interno luchan con un aluvión de inseguridades. Este tipo temperamento es el ombligo del estudio de la inteligencia emocional, y es que generalmente son personas que se dejan llevar por los sentimientos más que por la razón o el pensamiento crítico.

Melancólico: las personas de temperamento melancólico se caracterizan principalmente por ser muy creativas (artistas, en general, son individuos de temperamento melancólico). También son altamente sensibles a sus emociones y son excelentes amigos. Contrario a lo que pueda pensarse sobre ellos, tienden a ser muy analíticos, críticos y reflexivos. Incluso hay algunos estudios estadísticos que han llegado a la conclusión parcial de que las personas "melancólicas" pueden llegar a ser más inteligentes que el resto. Ahora que tienes esta información, ¿qué tipo de temperamento tienes?

Flemático: las personas flemáticas se caracterizan por tener un comportamiento más bien tranquilo, calmo. No suelen enfadarse con facilidad y tienen el donde mantener la calma incluso en el peor de los escenarios posibles. No les interesa convertirse en el centro de atención y, a menudo, son individuos muy tímidos a los que les cuesta tomar la iniciativa cuando la situación así lo requiere. Otro atributo que vale la pena destacar de las personas con este tipo de temperamento es que difícilmente dejan ver sus emociones (esto no significa, de ninguna manera, que no vivan sus emociones con mucha intensidad).

Colérico: ¿Eres proactivo, independiente? ¿Siempre estás con la energía a tope? Si es así, posiblemente puedas calificarte como parte del grupo de quienes tienen un temperamento colérico. A estos individuos no les gusta quedarse quietos. Siempre tienen una iniciativa procesándose en sus cabezas, los proyectos se suceden unos a otros sin fin. Y es que les encanta tener la mente ocupada. Aunque también son extrovertidas, lo son menos que las consideradas personas sanguíneas. Son las más eficientes en cargos de liderazgo o gerenciales, no se dejan apabullar por los obstáculos, pero también pueden tornarse explosivos, llegando incluso a ser hirientes o insensibles.

¿Puede el temperamento convertirse en tu enemigo?

Es imposible responder a esta pregunta sin tener en consideración el tipo de temperamento de la persona. En síntesis, todo tiene que ver con la forma en que el individuo reacciona frente a los acontecimientos del día a día. Si, por ejemplo, eres el tipo de persona a la que le cuesta aceptar críticas constructivas o retroalimentación alguna, es probable que tengas un carácter excesivamente fuerte, lo que siempre te lleva a reaccionar erráticamente cuando las circunstancias se tornan en cierto modo pesadas. Pongamos un ejemplo para ilustrar mejor esta idea. Hace muchos años conocí a alguien que tenía serios problemas para controlar sus emociones cuando algo se le salía de las manos.

Era una persona muy metódica y perfeccionista. En una primera instancia, estos atributos no parecen negativos, pero cuando se alinean con un muy limitado control emocional existe una alta probabilidad de que se tomen malas decisiones en momentos donde impera un cuadro emocional fuerte, cargado de sensaciones negativas como la rabia, la impotencia, el estrés o el miedo. De allí la importancia que tiene el crecimiento de la literatura de desarrollo personal en términos de inteligencia emocional. Independientemente de tu área de profesión, de tus habilidades técnicas, si careces de manejo emocional no encontrarás salida a esa jaula que te has impuesto de forma involuntaria y en la que permanecerás encerrado hasta el último de tus días.

¿Puede el temperamento convertirse en tu enemigo? La verdad es que sí. Pero esta no es una afirmación eterna. El propósito de este libro avanza precisamente en ese sentido. Puedes tener un temperamento flemático, sanguíneo, colérico o melancólico. Sea cual fuere el caso, es posible desarrollar herramientas y competencias adecuadas para que las fuertes cargas emocionales de la vida no terminen apoderándose de nosotros, llevándonos a una evitable dinámica de malas decisiones, malas acciones y heridas que pueden no tener sanación. Ser explosivos es un atributo generalmente asociado a quienes tienen un temperamento colérico, pero también pueden darse reacciones explosivas, reaccionaras o hirientes en gente sanguínea, flemática o melancólica, porque todo está relacionado con el tratamiento que le das a tus emociones y cómo las interpretas en relación a los acontecimientos diarios.

En muchas culturas se asocia la palabra temperamento con carácter. Y aunque ambas palabras parten de una misma base, no necesariamente guardan relación entre sí. El carácter es la capacidad de *hacer* más allá de las adversidades. El temperamento es un conjunto de comportamientos (positivos o negativos) que se derivan de las circunstancias dadas. El temperamento, en síntesis, puede ser tanto un enemigo como el mejor de todos los aliados posibles. ¿Cómo saberlo? Hazte la siguiente pregunta: ¿tu forma de ser, de reaccionar, te ha ayudado a superar los obstáculos o te ha hundido aún más en el pantano? Responde con total honestidad. Si en este proceso de autoevaluación encontraste un aliado, ¡genial! Si encontraste un posible enemigo, pasa al siguiente segmento, me gustaría ayudarte.

5 recomendaciones para mejorar tu temperamento negativo.

No te preocupes. Todos, en algún momento, hemos dejado pasar una oportunidad por reaccionar de mala manera, de forma explosiva. Lo realmente importante es comprometernos con el cambio para que estas situaciones no se presenten de nuevo. Estas son 5 recomendaciones de oro para que mejores tu temperamento negativo y rompas de una vez con esa celda invisible del mal carácter.

Permítete un rato a solas: una de las primeras cosas que aprendí en relación a la inteligencia emocional es que nada es más corrosivo para nuestro bienestar que entrar en eterna disputa con las emociones. ¿Con qué finalidad? Ellas siempre estarán allí, por mucho que luchemos. En este sentido he aprendido que el primer paso es aceptar. Sí, la aceptación es maravillosa porque nos permite desentendernos de cosas que están más allá de nuestro alcance. Por favor no confundas la aceptación con darnos por vencido.

Aceptar es entender que la situación del clima escapa de nuestras manos, que las decisiones ajenas, aunque nos afecten, no dependen de nosotros, que no podemos hacer nada para superar el embotellamiento o el tráfico. Esto es aceptación… darle un respiro a tu mente. No hay mejor forma de aceptar nuestras emociones que aislándonos. En primer lugar, para reencontrarnos; en segundo, para que en el camino no cometamos errores ni lastimemos a nadie.

Piensa antes de hablar: un verdadero desafío, te lo concedo, pero tan necesario como respirar. Recuerda que quien no puede controlar sus emociones no tendrá nunca relaciones sociales funcionales, basadas en el respeto. Aunque *pensar antes de hablar* sea una recomendación difícil de llevar a la práctica, es la única manera de entrenar tu cerebro para que este se abstenga de reaccionar a los estímulos emocionales con improperios y acusaciones a priori sin fundamento.

Utiliza siempre la primera persona: muchas veces reaccionamos explosivamente a las situaciones que nos afectan emocionalmente. La idea de utilizar la primera persona es incluirte en ese cuadro, aceptar que tienes parte de la responsabilidad (que no siempre significa tener la culpa) en lo que sucedió. Di, por ejemplo, "estoy molesto/a porque no tuviste en cuenta mi opinión acerca del proyecto en el que estamos trabajando". Cuando usamos la primera persona dejamos de trasladar la culpa hacia el otro y, como es bien sabido, un gran porcentaje de las problemáticas se presenta cuando nos

41

enfrascamos en culpar a los demás, tengamos o no la razón.

Libera tensión con el humor: puede que parezca una locura, pero el humor es clave para superar un mal carácter o un temperamento corrosivo. Quizá no se trate de la recomendación más fácil al momento de llevar a la práctica, pero una vez que lo consigas (que lo hagas hábito), notarás un cambio significativo en tu forma de enfrentar tus emociones. Restarle seriedad a un problema genera un efecto a nivel de tu mente subconsciente, que está preparada para protegerte, para salvaguardar tu integridad. Deja que el sentido del humor te ayude en los momentos en que sientes que estás por explotar. Te aseguro que esta técnica te será de gran utilidad y fortalecerá tus relaciones sociales.

Practica la meditación: aunque la meditación sea una técnica milenaria que nos acompaña desde tiempos inmemoriales, no pierde vigencia. Una de mis recomendaciones para ganarle la batalla al mal temperamento es dedicar al menos 5 minutos cada día para practicar la meditación. No es necesario que adentres en un templo budista en la India, basta con que estés sentado en un espacio cómodo de tu casa, con los ojos cerrados y la mente despejada de las preocupaciones diarias. Son muchos los beneficios de la meditación; pero uno de los más importantes es que le da un respiro a nuestra mente, desprendiéndonos del cúmulo de voces, responsabilidades y preocupaciones que nos aquejan día tras día.

¿Carácter fuerte? ¿Timidez?

Ambos son características de personalidad que pueden tener aspectos tanto positivos como negativos. La idea de que la timidez es un atributo intrínsecamente negativo no solo es reduccionista sino prejuiciosa. La verdad es que tanto el carácter fuerte como la timidez tienen su parte buena. La diferencia conceptual entre una y otra es la base sobre la que se cimenta su desarrollo. Es bien sabido que la timidez tiene como base emocional el miedo, lo que conlleva a la persona a permitir que crezca una sensación de desconfianza perenne frente a lo que sucede en su entorno. Por otro lado, las personas de un carácter fuerte tienden a responder

desde las vísceras y no desde el raciocinio.

En todo caso, tanto el tímido como el
de carácter fuerte tienen la capacidad
de construir cambios estructurales en
su forma de reaccionar. Por un lado el
tímido, por ejemplo, ha de entender
que este instinto de protección exacer-
bado puede restarle oportunidades por
falta de iniciativa cuando la situación
así lo requiera. Otro aspecto del que
tienen que cuidarse es de no ser utili-
zados por otros ante la imposibilidad de
decir *no.* En cuanto a las personas de
carácter fuerte, su tarea consiste en
entender que las emociones son ineludibles y que siempre es posible actuar
desde el raciocinio y no desde la impul-
sividad.

Capítulo 3
Mindfulness (Atención plena)

Nuestra mente también cuenta con un modo distinto de relacionarse con el mundo: es el modo «ser». Se parece a un cambio de perspectiva, pero es mucho más que eso. Se trata de una manera distinta de conocimiento que te permite ver cómo tu mente tiende a distorsionar la «realidad». Te ayuda a salir de la tendencia natural de la mente a pensar demasiado, sobreanalizar y juzgar. Empiezas a experimentar el mundo directamente, lo que te permite ver la angustia que sientes desde un ángulo totalmente nuevo y enfrentarte a las dificultades de la vida de manera muy distinta. Y descubres que puedes cambiar tu paisaje interior (el paisaje mental, si quieres llamarlo así)[2] con independencia de lo que ocurra a tu alrededor. Tu felicidad, tu satisfacción y tu equilibro ya no dependen de las circunstancias externas. Has recuperado el control de tu vida.
Mark Williams.

El tercer capítulo de este libro es uno de los más importantes en lo concerniente a una misión que para muchos se ha tornado cuesta arriba: retomar el control de tu mente. Esto quiere decir, entre muchas otras cosas, darle un respiro a tu cerebro para que este no se vea saturado por el impactante aluvión de emociones que día tras día llegan a nosotros debido a las múltiples circunstancias de la vida. Es bien sabido que el estrés es uno de los enemigos que más dificultan nuestro crecimiento como individuos. Pero, ¿es posible prevenirlo? Como seres humanos, ¿debemos aprender a convivir con él o existe una pócima mágica para librarnos, de una vez por todas, de este mal moderno? La verdad es que no es posible librarte del estrés. El estrés y la ansiedad son innatas al ser humano, en función de que somos animales sociales y de que la interacción con nuestro entorno viene cargada de emociones.

Lo que sí puedes hacer es lidiar de mejor manera contra este conflicto emocional que todos, en mayor o menor medida, padecemos. ¿Quieres saber cómo? El mindfulness es una solución infalible para controlar tus emociones, para "oxigenar" tu mente, liberándola de la gran carga emocional presentes en cuadros como el estrés o la ansiedad. En este capítulo te enseñaré cómo hacerlo. En primer lugar, quiero hablarte de la estructura sobre la que edifiqué este tema tan importante para tu equilibrio emocional. Dividido en 4 grandes bloques informativos, el capítulo que estás por leer contiene todas las herramientas necesarias para que eches a andar tu mente de forma clara y funcional, libre de la carga implícita en el día a día.

El primer segmento, ¿Qué es el Mindfulness y por qué es tan importante?, conocerás aspectos básicos como su definición y relevancia en el marco de la inteligencia emocional. El segundo segmento, ¿Por qué nos tratamos como a enemigos?, tiene como base fundamental el efecto de los pensamientos limitantes en términos de crecimiento personal. ¿Es posible manejar nuestras emociones con inteligencia cuando la mente subconsciente es un hervidero de ideas preconcebidas, de voces pesimistas y negativas? Esta es la pregunta-eje del segundo segmento. En el tercer segmento, Ventajas de la atención plena, daremos un rápido paseo por los 3 beneficios más relevantes de esta práctica. 3 ventajas que te ayudarán, significativamente, a reencontrarte con tu mejor versión y, en consecuencia, a tener un mejor control de tus emociones sin importar las circunstancias en las que te encuentres. El cuarto segmento, y el más importante por su aplicabilidad en tu vida, es: 10 formas sencillas de practicar la atención plena. Sobre este punto no solo te daré pautas claras para que lleves a la práctica lo aprendido, también abrirás la puerta hacia un nuevo mundo de posibilidades de éxito para dar el salto definitivo hacia tu mejor versión.

¿Qué es el Mindfulness y por qué es tan importante?

Vivir el presente, lo que sucede *en este preciso instante*. El Mindfulness (también conocido como Atención plena) es una práctica que tiene su origen hace varios miles de años atrás. Una práctica, pues, que se basa en despejar tu mente de las preocupaciones que la quejan a través de la atención plena. Se trata de un ejercicio que, según documentación histórico-arqueológica recopilada en los últimos cien años, ha formado parte de la vida de grandes sabios de otrora que evidenciaron sus efectos positivos en lo concerniente a la tranquilidad y lucidez mental. En líneas generales, la atención plena nos libera de la cárcel construida con emociones fuertes. Es bien sabido que, como seres humanos, las emociones son ineludibles. Lo que el Mindfulness nos propone es una liberación parcial y un retorno a la lucidez.

Ronald Siegel, quien por años ha estudiado el tema en contextos empresariales y formativos, se refiere al encarcelamiento involuntario de la siguiente manera:

> La evitación experiencial causa otros problemas además de impelernos a utilizar un exceso de sustancias tóxicas, a ver demasiada tele, a comprar demasiadas cosas o a comer demasiado. También juega un gran papel en el mantenimiento de la ansiedad, la depresión, el dolor crónico y otras formas de desazón. En el caso de la preocupación o la ansiedad, la evitación experiencial nos limita la vida en cuanto que tratamos de evitar actividades que tememos nos vuelvan más ansiosos. El joven tímido que no acude a una fiesta porque tiene miedo a comportarse torpemente se está volviendo más temero-

so y más huraño todavía. El que tiene miedo a volar y tiene que pasar un día entero en el tren para asistir a una reunión tendrá mucho más miedo todavía la siguiente vez que tenga que coger un avión.

Aunque se conoce su origen en tiempos ancestrales, específicamente en las tradiciones orientales, su aplicabilidad en los tiempos que corren se mantiene muy vigente. ¿Por qué es tan importante construir una rutina de meditación y atención plena en la actualidad? La respuesta, aunque obvia, es necesaria. Vivimos tiempos convulsos, que se caracterizan por altísimos niveles de emocionalidad. Muchos de quienes leen este libro son emprendedores, empresarios, profesionales activos o padres de familia. Estas son profesiones que requieren un gran nivel de control emocional. En caso contrario, nos exponemos a cometer errores que traerán consecuencias significativas.

La meditación no es más que una forma de entrenar tu mente. Prepararte para las circunstancias y vicisitudes del día es una labor ardua que requiere todo tu compromiso. Su práctica te ayuda a minimizar el impacto emocional de las malas noticias, lo que representa el verdadero centro de la inteligencia emocional. Cada vez es más común que líderes, oradores de gran resonancia y expertos de distintas ramas recomienden la meditación como una práctica del día a día. La ciencia, por su parte, también ha confirmado muchos de los beneficios asociados a la meditación, por lo que es una práctica que se ha extendido hacia todas las latitudes del planeta. La presencia del Mindfulness en Occidente es una representación importante y símbolo inequívoco de que su efectividad es incuestionable.

¿Por qué nos tratamos como enemigos?

Bien, seguramente estás preguntándote la relación entre esta pregunta y la atención plena, pero la verdad es que existe un estrecho vínculo entre el bienestar de tu mente y la necesidad de llevar a la práctica el Mindfulness tal como lo conocemos. Por ejemplo, una persona que está sobrecargada de trabajo, que vive en una dinámica de explotación laboral e infelicidad personal, de forma progresiva va creando una forma de diálogo interno que es, a todas luces, desfavorable. Recordemos lo que significa la expresión *diálogo interno*, es el lenguaje y la forma que utilizas para hablar contigo mismo. Por las noches, yo suelo dar gracias por todas las bendiciones y milagros que me han permitido disfrutar un día más de vida. Esto es impensable en alguien que se encuentra atrapado en una espiral de infelicidad que parece no tener fin.

Atender esta relación contigo mismo es primordial. Si bien es cierto que no todas las personas que son infelices viven en un cuadro depresivo con carácter patológico o ansiedad, las probabilidades de sufrirla más adelante son realmente preocupantes. Una de las ventajas de la meditación o atención plena, como veremos más adelante, es que nos ayuda a construir una nueva relación con nosotros mismos. Una relación que se ejerza con códigos saludables, con un lenguaje basado en la autocompasión y no en el desprecio por lo que no hemos conseguido. ¿Cómo se hace? Algo tan sencillo como desentenderte de los problemas y de las preocupaciones por unos pocos minutos puede ser de gran ayuda. En lo personal, comencé con la atención plena para superar un fuerte cuadro depresivo tras una mala racha que, en ese momento, me parecía de dimensiones bíblicas.

Desde entonces, mi vida ha tomado recovecos diametralmente opuestos, pero determinados por una mentalidad distinta frente a los acontecimientos diarios. La meditación o atención plena fortalecerá tu mentalidad, preparándote para lo que sea que venga en el porvenir.

Antes de avanzar con las ventajas del Mindfulness, quiero que leas con atención esta reflexión extraída del libro *Mindfulness*, de los autores Danny Penman y Mark Williams:

> Hace unas décadas se entendió que los pensamientos podían guiar nuestros estados de ánimo y nuestras emociones, pero habría que esperar hasta la década de 1980 para saber que el proceso también puede discurrir a la inversa: los estados de ánimo pueden guiar nuestros pensamientos. Piénsalo un momento. Tus estados de ánimo pueden guiar tus pensamientos.
>
> En la práctica, eso significa que incluso unos momentos pasajeros de tristeza pueden acabar alimentándose a sí mismos y crear más pensamientos infelices a raíz del modo en que ves e interpretas

el mundo. De la misma manera que un cielo oscuro puede hacerte sentir así, «oscuro», la tristeza momentánea es capaz de provocar pensamientos y recuerdos perturbadores que empeoran ese estado de ánimo. Lo mismo ocurre con otros estados de ánimo y emociones. Si te sientes estresado, ese estrés puede alimentarse a sí mismo y provocar más estrés. Y pasa lo mismo con la ansiedad, el miedo, la ira y emociones «positivas» como el amor, la felicidad, la compasión y la empatía.

3 poderosas ventajas del Mindfulness que cambiarán tu vida

En el caso de que aún no te intereses por esta práctica milenaria que se ha asentado en Occidente, a continuación te presento 3 (de los muchos) beneficios que incorporarás en tu vida una vez que hayas implementado la meditación de atención plena. Aunque las ventajas de este enfoque de meditación van mucho más allá, alcanzando incluso efectos en la salud de nuestro cuerpo, para este segmento quiero que nos centremos en los aspectos positivos directamente relacionados con el manejo de tus emociones. A continuación, 3 poderosas ventajas del Mindfulness para cambiar tu vida:

1. Te protege de enfermedades mentales complejas: aunque parezca algo de la ciencia ficción, esta es una realidad que ha sido debidamente certificada y avalada por las organizaciones científicas más importantes del planeta. Recientemente se publicó un estudio llevado a cabo por investigadores de la Universidad de Oregon en el que se llegó a la conclusión de que la meditación no solo es útil para relajarnos, también fomenta cambios significativos en nuestro cerebro (cambios físicos y de funcionamiento) que tienen como resultado una especie de blindaje preventivo contra enfermedades mentales diversas. Esto se debe a la asociación entre la atención plena y un incremento considerable en la densidad axonal. En palabras más sencillas, aumenta y potencia la conexión entre las células.

Otro de los descubrimientos hallados en estudios, tanto el citado como en otros, es que la meditación favorece el crecimiento de un tejido graso que en nuestro cerebro ejerce la función de protegernos contra discrepancias que pueden dar origen a enfermedades mentales. Este tejido se llama mielina, que tiene otras funciones de igual relevancia para el funcionamiento mental, como optimizar la velocidad de transmisión a los impulsos nerviosos. Impresionante,

¿no? De manera que si en tu familia existen casos de patologías mentales que pueden ser hereditarias, la práctica de la meditación o atención plena te dará una oportunidad. Recuerda, mejor prevenir que lamentar.

2. Te ayuda a controlar más fácilmente los niveles de estrés: ¿quién no ha sentido que su cabeza está saturada de estrés? Aceptar que el estrés forma parte de la vida es el primer paso. Si no nos familiarizamos con esta sensación tan compleja, difícilmente consigamos darle un manejo mucho más provechoso en esos momentos en los que sentimos que la cabeza nos explotará. Tener un buen manejo del estrés tiene una relación directa con tu salud. Hace muchos años conocí a una jovencita (excelente profesional, dedicada y comprometida con los resultados) que, a pesar de su corta edad, tuvo una parálisis facial parcial tras varias jornadas con una alta carga de estrés. No importa nuestra edad ni la situación clínica previa.

El 2013 fue un año muy importante para la ciencia, pero especialmente para los investigadores que se abocaron a estudiar los efectos de la meditación sobre el estrés. Uno de estos estudios, publicado por la revista Health psychology, llegó a la conclusión de que la meditación o Mindfulness tiene efectos positivos en la reducción de los niveles de cortisol, la denominada hormona del estrés. Aunque son muchos los estudios que avalan este efecto, cito únicamente esta revista por su prestigio en la comunidad científica mundial. Otra razón de peso para cambiar tu vida a través de esta práctica milenaria que ha transformado las realidades más complejas.

3. Te ayuda a mejorar tu desempeño académico: ¿te preocupa tu situación académica? Miles de personas tienen una relación amor-odio con sus profesiones universitarias. Se han inoculado tales expectativas que no conciben la posibilidad de que algunas calificaciones no estén en los superlativos niveles que tanto esperan. Esto tiene mucho sentido, sobre todo si tenemos en cuenta que vivimos en un mundo globalizado y competitivo donde los indicadores de perfección son profundamente evaluados por las organizaciones o empresas más prestigiosas del planeta. Hemos dejado caer sobre las futuras generaciones un peso inclemente sobre su situación académica.

La buena noticia es que la meditación te ayudará con esto. No te preocupes. Toda la información proporcionada a lo largo de este capítulo está debidamente comprobada por las instituciones científicas más capacitadas en el planeta. Un estudio estadístico llevado a cabo por la Universidad de California, Santa Bárbara, encontró que los estudiantes que habían ejercitado la meditación de forma regular tuvieron mejores calificaciones que sus compañeros. Además demostraron una mayor capacidad de comunicar mensajes e ideas de forma clara y concisa. El razonamiento verbal, protagónico en este estudio, es un atributo que todos los profesionales que juegan en las grandes ligas necesitan desarrollar si quieren diferenciarse del resto. ¿Estás convencido/a?

10 formas sencillas de practicar la atención plena

Para alcanzar un nivel óptimo y eficiente de meditación no es necesario visitar un templo consagrado en Egipto o cualquier zona espiritual del Medio Oriente. Esta es una de las facilidades que nos provee la atención plena, y es que contrario a lo que muchos piensan es posible concentrarse en el furioso presente, en el ahora, de distintas formas. En este segmento aprenderás todo lo necesario para que lleves tu atención plena a un nivel superlativo. Son 10 formas muy sencillas de practicar la atención plena. Muchas de ellas, te lo aseguro, te sacarán de más de un apuro al tiempo que construyes una mentalidad fuerte y blindada ente las emociones del día a día.

Atención plena en la comida

Sí, aunque suene increíble es muy posible y es una de las formas más comunes para practicar el Mindfulness. Muchas personas me preguntan si realmente es factible concentrarnos en el *ahora* mientras degustamos un delicioso plato. La verdad es que sí, todo dependerá de tu concentración y de tu compromiso con el ejercicio. Un error muy común en la sociedad actual es que nos hemos acostumbrado a comer en piloto automático; es decir, mientras vemos televisión o mientras revisamos las últimas notificaciones de nuestras redes sociales. Es un error de base, pero que se ha instaurado en nuestra mente subconsciente como un hábito negativo. Con la meditación puedes darle un giro radical a este pésimo hábito, que no solo te impide una digestión adecuada sino que divide tu atención hacia cosas o temas no tan importantes para tu crecimiento.

Enfócate en cada bocado. Es fácil hacerlo, si te lo propones con determinación. Comer significa *comer*, esa es la filosofía que he aplicado durante muchos años. De esta manera, con cada bocado me concentro en lo que supone verdaderamente la actividad. Siento cada mordisco, el movimiento de los músculos que intervienen en el proceso. Siento, incluso, cómo los alimentos bajan a través de mi garganta hasta depositarse en mi estómago. Olvídate de "ver algo mientras" y mantén toda tu atención en cada uno de los pasos que componen tu alimentación.

Establece una sólida conexión con tus sentidos

¿Cómo hacerlo?, preguntarás. Tan sencillo como respirar. Pasa que cuando respiramos, por ejemplo, lo hacemos desde la inercia. El ser humano está compuesto por millones de pequeños automatismos, acciones que llevamos a cabo sin ser debidamente conscientes de ellas. Caminar, comer, hablar, conducir, ordenar.

Todas estas con conductas que hacemos sin darnos cuenta, que damos por hechas. Lo que se busca con la meditación es que prestes atención a cada pequeña decisión/acción que tomes por un espacio de tiempo preestablecido. La idea es que te involucres con lo que sientes a través de tus sentidos. ¿A quién no le ha pasado que, por tener tanta hambre, ni se disfrutan los alimentos? Esto sucede porque no hay una conexión con nuestro sistema representacional, con los sentidos que albergamos.

Alcanzar la atención plena, en este sentido, no es en absoluto complicado. Haz una pausa mientras te tomas un café y disfruta todo su aroma, la textura y el sabor de la bebida. Disfruta incluso el contacto de este líquido caliente con tu lengua. No necesitas mucho tiempo para ello; solo fija un momento del día, el que más te guste, y reconéctate con tus sentidos a través de la atención plena. Una comida, la ducha, cinco minutos de música. Durante estos momentos no existirá nada más en tu vida que lo que haces o disfrutas.

Tu respiración también cuenta

Cuando se habla de automatismos, la respiración es la gran reina de la fiesta. ¿Imaginas cuánta tensión habría en tu cuerpo, en tu mente, si para respirar necesitaras estar todo el día pendiente de este proceso? Sería una locura. De hecho, me atrevería a decir que no eres capaz de imaginar tal cosa. Yo tampoco, te confieso. Pero la respiración es el mejor caldo de cultivo para poner en práctica la meditación de atención plena. La razón es que rompes con el hábito de respirar por inercia y te enfocas en

59

todo lo que ocurre en tu organismo con cada inhalación/exhalación. Una vez más estamos ante una forma de meditación que no requiere demasiado tiempo. Establece un momento del día, uno o dos minutos, en los que no harás nada más que *sentir* lo que sucede mientras respiras.

Desentiéndete de tus pensamientos, de las preocupaciones, del estrés. Limítate, por unos minutos, a seguir el trayecto del oxígeno a través de tu cuerpo. No es nada complicado, si lo intentas. De igual manera, al exhalar, siente cómo se libera tu diafragma, cómo el aliento caliente sale suspendido desde tu boca. Es un proceso que te reconecta con tus sentidos al tiempo que oxigena tu mente.

Atención plena durante la caminata

En lo personal, caminar es una de las actividades que más disfruto. Siempre me ha gustado mucho dar largas caminatas antes de llegar a mi casa, donde me esperan otros desafíos. Para nadie es un secreto que esta es una actividad que nos relaja de muchas maneras. En primer lugar, porque el ejercicio físico tiene efectos positivos en tu mente y a nivel cardiovascular; en segundo lugar, porque si consigues desligarte momentáneamente de tus obligaciones, esta será una aventura donde impere la relajación. Para muchas personas alcanzar un nivel de atención plena óptimo durante las caminatas es fácil. Tiene sentido porque, la mayoría, lo hace en perfecta soledad. Y esta es una característica que te juega a favor.

¿A qué se le presta atención plena durante una caminata? Hay una serie de movimientos que se dan durante un paseo tranquilo por el parque de tu conjunto residencial o por cualquier calle. Plantéatelo como un juego; concentra *toda* tu atención en el momento en que tus pies tocan el suelo (y la sensación inherente), en cómo se separan del suelo, en la flexión de tus rodillas con cada paso, en la tensión que se genera en tus músculos. No pienses en nada más, conviértete en tus piernas. Así de sencillo.

Atención plena en la pausas

Capítulo 4
Competencias personales y competencias sociales

El siguiente capítulo tiene como finalidad orientarte en la práctica de las tácticas más infalibles para convertirte en un verdadero líder. Una persona con la capacidad de desenvolverse adecuadamente en cualquier escenario social. Esto, por supuesto, partiendo del ineludible hecho de que tienes que implementar cambios en tu vida, en tu forma de afrontar el día a día. Nada es más importante para el crecimiento personal que entender que la acción social es fundamental en términos de plenitud y felicidad. Como animales sociales, estamos obligados a llevar una vida social activa en mayor o menor grado. Independientemente de tu profesión, de tus objetivos de vida, siempre coincidirás con otras personas. Estos encuentros están cargados de emociones que debes gestionar de la mejor manera posible.

En la primera parte de ese capítulo encontrarás la definición concisa de las competencias sociales, por qué son tan importantes y qué posición tienen estas en tu camino hacia el éxito. Personajes que hoy nos sirven como referencia de éxito y liderazgo (Steve Jobs, Bill Gates, Elon Musk, Opprah Winfrey, entre muchos otros) se caracterizan por dominar al dedil el accionar social. Ahora bien, ¿hace falta ser un virtuoso para cultivar y perfeccionar competencias sociales o personales? Para nada. Este es un mito que, afortunadamente, ha perdido fuerza en los últimos años. Cada vez son más las personas que se familiarizan con el concepto de inteligencia emocional, aplicándolo en sus vidas sociales como un anclaje del éxito.

En la segunda parte de este capítulo se profundiza sobre las competencias personales. ¿Cuáles son las 3 competencias que debes desarrollar para alcanzar el éxito? ¿Cuáles son las tácticas para conseguirlo? Como habrás notado, la información contenida en esta parte del libro está dirigida exclusivamente a la práctica. Sí, son recomendaciones que puedes y debes comprobar por ti mismo en la implementación diaria. Después de todo, ¿quién no quiere mejorar sus relaciones interpersonales? Estas juegan un papel protagónico en nuestra felicidad como animales sociales.

Competencias personales

Empecemos, pues, por el principio: ¿qué son las competencias personales? En líneas generales, se definen como el conjunto de habilidades, conocimientos, actitudes e intereses personales de cada individuo. Todos los seres humanos poseemos una serie de competencias personales que trabajan sin que seamos necesariamente conscientes de ellas. Son herramientas que nos llevan a cumplir nuestros sueños. Ahora bien, se da con frecuencia que nuestras competencias personales no están aceitadas o perfeccionadas, razón por la cual se estanca nuestro crecimiento. Es cuando sentimos que estamos atrapados en un mismo punto, que hemos dejado de avanzar hacia la concreción de nuestros objetivos.

5 competencias personales para alcanzar el éxito

He preparado un listado de 5 competencias personales que, en la actualidad, se encuentran entre las más buscadas en el mercado laboral. Sin embargo, más allá del ámbito profesional, es imprescindible que trabajes y perfecciones estas competencias para que tu experiencia vital sea más enriquecedora.

Adaptabilidad: ¿por qué es tan importante desarrollar la adaptabilidad? Aunque parezca una obviedad, creo necesario dar una respuesta concisa a esta pregunta. Recuerda siempre que vivimos en mundo marcado por la única constante llamada "variabilidad". El contexto cambia tan violentamente, y de forma imperceptible, que en un abrir y cerrar de ojos tenemos que ajustarnos a nuevas exigencias. Adaptarnos fácilmente a los cambios diarios de la vida es un mecanismo de defensa. Recuerda lo que dijo alguna vez Charles Darwin, biólogo y divulgador de la teoría de la evolución. "No es el más fuerte de las especies el que sobrevive, tampoco el más inteligente el que sobrevive. Es aquel que es más adaptable al cambio".

Responsabilidad: la segunda competencia personal de la lista es la responsabilidad. Si te cuesta cumplir con lo prometido, respetar el tiempo de los demás, actuar siempre desde la empatía, es hora de tomar algunas acciones precisas para cultivar un sentido más práctico de la responsabilidad. Ser responsable no solo es una competencia muy llamativa para las empresas, también para las personas en general. Cuando identificamos a alguien que carece de esta competencia, no nos abrimos lo suficiente porque no existe un grado mínimo de confianza. Ser responsable es, en este sentido, una forma de entender nuestras acciones y las del entorno sobre la base del respeto común.

Comunicación: el séptimo capítulo de este libro tiene un segmento dedicado exclusivamente a este tema. La comunicación, ¿es posible que haya personas que no tengan perfeccionada esta competencia? Claro. Es lo que sucede alguien es incapaz de transmitir el mensaje de forma clara, cuando abusa de los adjetivos, cuando no le es posible escuchar atentamente a sus interlocutores antes de manifestar cualquier idea o comentario. Esta es una competencia que se traslada al campo profesional, pero que es esencial en cualquier aspecto de la vida. La facilidad para transmitir información de forma fluida, adaptándose a distintos escenarios en caso de que así se le requiera.

Lealtad: la lealtad es, quizá, la competencia mejor valorada por todas las personas. Tanto en el mundo corporativo como en las relaciones sociales, todos aprecian más a quienes se muestran leales. Ahora bien, ¿qué significa lealtad? Es mantenerte fiel a tus principios, en lo personal, o al bien común en contextos más amplios. Ser leal es ser fiel, no traicionar ni tus propios principios ni los de aquellos que han depositado su confianza en ti.

Motivación: la última competencia personal de la lista es, si se quiere, una habilidad de vida o muerte. Sí, ya que es una expresión que se lee con algo de trágico, pero, ¿qué será de nosotros si no somos capaces de mantenernos motivados en todo momento, con independencia de las circunstancias que se presenten en el camino? Una persona desmotivada no lucha por sus sueños, se deja llevar por las dinámicas diarias sin siquiera poner resistencia. En contraposición, una persona emocionalmente inteligente se motiva constantemente, se reta a sí misma, batalla hasta el final porque ha aceptado con gusto que su éxito es la responsabilidad principal.

3 tácticas para cultivar competencias personales.

Cultivar competencias personales es una labor ardua que requiere, en principio, que te comprometas con tu propio crecimiento. Esto es lo primordial. Si bien es cierto que muchas de las competencias personales están de algún modo asociadas a nuestros rasgos de personalidad, también lo es que siempre podemos mejorar nuestras condiciones y formas de reaccionar frente a los acontecimientos externos. Cultivar competencias personales puede resultar una tarea compleja para muchas personas; por fortuna, en la actualidad son cada vez más las alternativas para aprender de la mano de personas especializadas en el desarrollo personal.

Siguiendo este orden de ideas, te presento mis 3 recomendaciones para cultivar competencias personales de forma amena y sin tantas complicaciones.

Coaching: en los últimos años ha ganado popularidad un conjunto de técnicas de aprendizaje que, cohesionadas y dirigidas por un grupo de especialistas, ha abierto las puertas de muchos temas a cientos de personas a lo largo del mundo. El coaching es, por definición, un observador activo. Su labor primordial consiste en observar, cuestionar, identificar y fijar soluciones prácticas a acontecimientos del día a día. Son expertos en manejar los estados de ánimo de una persona al tiempo que ayudan en aspectos tan necesarios como:

- La creación de metas individuales y grupales.
- Proporción de un enfoque funcional y claro.
- Desarrollar a la persona, haciéndola alguien mejor.
- Fomentar el aprendizaje continuo.

Plan de aprendizaje y desarrollo: a nivel empresarial, es muy común encontrarnos con que empresas y corporaciones urgidas de mejorar sus resultados a través del fortalecimiento de su cultura de colaboración, fomente entre sus colaboradores planes de aprendizaje y desarrollo. Esta es una herramienta que también puede ser aplicada desde un punto de vista personal. Si estás interesado, por ejemplo, en mejorar el manejo de tus finanzas personales, lo ideal es que te fijes un plan de desarrollo orientado a cubrir esa necesidad. Conversatorios, simposios, conferencias, incluso incluir en tus hábitos diarios la lectura de algún libro especializado en el tema, todas estas son formas y técnicas dentro de un plan de desarrollo que te llevará a entender más claramente cómo manejar tu dinero.

Rodéate de personas que aporten valor a tu vida: nuestro entorno tiene un efecto considerable en lo que somos. Esta es una realidad incuestionable que podemos apreciar en el día a día. Por ejemplo, aunque por naturaleza seas alguien responsable y colaborador, si te

rodeas de individuos frívolos e individualistas más temprano que tarde terminarás por tomar estos atributos como propios. En este sentido, no hay
mejor manera de desarrollar las competencias personales que te interesan
que rodearte de individuos que desta-
quen por estas.

Competencias sociales

Las competencias sociales son aquellas
habilidades, conductas y comportamientos que nos llevan a relaciones
interpersonales fuertes, funcionales y
exitosas. A muchas personas estas
competencias les salen de forma natural mientras que otras tienen que ponerse manos a la obra para desarrollar-
las de acuerdo a las necesidades del
día a día. Sea cual fuere el caso, estas
competencias son neurálgicas para llegar al éxito, sobre todo si tenemos en
cuenta que los seres humanos somos
por definición animales sociales. Sobra
decir que las herramientas que nos
ayuden a crecer, a desarrollarnos,
siempre serán necesarias. A continuación te presento una lista de 5 competencias sociales que te acercarán al
norte que has trazado para tu vida.

Lenguaje corporal adecuado: la programación neurolingüística, o PNL, ha estudiado con detenimiento el papel del lenguaje corporal en las conversaciones e interacciones sociales. El *cómo* dices algo es incluso más importante que lo que expresas con el lenguaje verbal. No cruces los brazos mientras tu interlocutor habla, mantén el contacto visual en todo momento, haz preguntas para profundizar sobre lo que el otro te transmite. Orientar tu cuerpo hacia él / ella es una manifestación verbal que transmite interés, empatía. Esto es lo que se conoce como una de las competencias sociales más relevantes porque construye puentes, conexiones emocionales con quienes compartes.

Mantén siempre el contacto visual: cada vez que estés conversando con alguien, olvídate parcialmente de tu teléfono celular, de tu Tablet. Enfoca toda tu atención a los interlocutores con quienes conversan. No es en absoluto complicado. Solo tienes que mantener siempre el contacto visual. Te aseguro que, con esta simple técnica, no solo te verán como un gran conversador (alguien con quien vale la pena hablar de temas complejos e importantes) sino que ganarás el respeto de tus interlocutores, que devolverán el favor prestando atención a cada una de las palabras del mensaje que quieres transmitir. Es un ganar-ganar que, en el camino, fortalece relaciones interpersonales.

Acepta las críticas sin ponerte a la defensiva: una habilidad social que caracteriza a las personas emocionalmente inteligentes es que son capaces de aceptar críticas sin que esto implique tomar una actitud de defensa u hostilidad. Las críticas, sin importar su origen, son importantes porque nos ayudan a crecer. Si bien es cierto que en muchos casos recibimos críticas que carecen de fundamento alguno, también lo es que con la dinámica del día a día podemos perder nuestra capacidad de autoevaluación; en este último aspecto es donde recibir críticas, más que ser un ataque a nuestra integridad, es una oportunidad de convertirnos en alguien mejor. Acepta, analiza y aplica los correctivos que consideres pertinentes.

Procura siempre una actitud positiva: en honor a la verdad, ¿a quién le gusta mantener una relación con alguien que vive encerrado en un cuarto oscuro, que nunca encuentra razones para seguir caminando hacia la luz al final del túnel? Una actitud positiva te llevará a lugares que jamás siquiera soñaste. ¿Por qué? Porque la actitud positiva es una actitud de apertura hacia todo aquello que el mundo nos ofrece. En cambio, cuando miramos el vaso medio vacío no nos permitimos creer en el horizonte, en el porvenir, en las cosas que están por llegar. Mantenerte encerrado en un cuarto de pesimismo, en el peor de los escenarios, te llevará a la depresión. En contraposición, actuar con optimismo te dará mejores y más fuertes relaciones sociales.

Sé un buen estudiante y un buen maestro: ya que hablamos de "actitud de apertura", ¿por qué ser un buen estudiante es una gran competencia social? Porque nos alejamos del ensimismamiento, ese atributo que ha causado tantos males en el mundo. Salir de nosotros mismos y darnos la oportunidad de aprender lo que otros quieren enseñarnos es una forma de crear conexiones sólidas con quienes han manifestado algún tipo de interés en nuestro crecimiento. Del mismo modo que ser un buen maestro, el quid de esta competencia pasa por la necesidad implícita de crear puentes emocionales entre todos los actores de tu vida social.

La importancia de la empatía

El psicólogo Daniel Gil' Adí, en su libro Inteligencia emocional en la práctica, nos propone la siguiente reflexión sobre la empatía:

> Es insultante ser ignorado. Sabemos lo que significa ser escuchados de verdad. Es más que oír las palabras, es realmente comprender y aceptar al otro en el total entendimiento de su realidad. Empatía significa entender a la otra persona identificando sus emociones y sentir *como* si fuésemos la otra persona, teniendo muy en cuenta el "como si". Es caminar un kilómetro en sus zapatos. Es escuchar atentamente que podemos experimentar las emociones y pensamientos de la otra persona.

En líneas generales, y dándole continuidad a la premisa del autor, la empatía nos ayuda en las relaciones interpersonales porque:

- Muestra que entiendes a la otra persona y que te interesa entenderla.
- Puedes dirigir la conversación hacia tópicos emocionales importantes.
- Genera un espacio seguro donde conversar sobre temas personales, de esa manera se pueden expresar emociones y asimismo explorar el origen de esas emociones y opiniones.

Ahora bien, existen muchas barreras que nos impiden tener una actitud de empatía con los demás. La primera barrera surge cuando nos comparamos internamente con esta persona. Estas comparaciones tienen lugar en nuestra mente y nos bloquean la atención total de lo que el otro intenta decirnos. Es fundamental que silenciemos esa voz para, así, practicar la escucha activa en cada tramo de la conversación. Una segunda barrera se da cuando, en medio de la conversación, recordamos experiencias personales que tienen algún tipo de relación con lo que se nos está diciendo. Esta es una respuesta automática de nuestra mente subconsciente, pero puede ser "silenciada" si aceptamos que no hay crecimiento sin relaciones sociales fuertes. Y para construir estas relaciones interpersonales sólidas nada es más importante que escuchar con atención y genuino interés lo que nuestros interlocutores nos dicen. Esto es empatía.

Capítulo 5
Entendiendo el desgaste emocional y a las personas que absorben energía (vampiros de energía)

Te adelanté en la introducción de este libro que uno de los capítulos más importantes (por su alcance práctico) es este que ahora estás por empezar. ¿Por qué? Las razones son muchas. No solo entenderás las consecuencias inherentes al desgaste emocional, también aprenderás a identificar cuáles son esos factores que intervienen en dicho desgaste. Lo increíble del contenido que hallarás a continuación es que no existe un solo párrafo que no puedas comprobar por ti mismo en la práctica diaria. Vivimos culpándonos sobre nuestra poca energía; hemos dedicado cuantiosos minutos y horas de nuestro tiempo en dirigir hacia nosotros la responsabilidad de nuestra situación actual pero, ¿qué pensarías si te digo que no necesariamente es tu culpa?

Así como lo lees, querido amigo. Este capítulo va sobre vampiros. Pero, advertencia, no son vampiros de los que estamos acostumbrados a ver en las películas de Hollywood. Son mucho más peligrosos porque son reales y se camuflan de distintas maneras, con ropajes tan inverosímiles como asombrosos. Al término de estos párrafos tendrás una idea mucho más clara de por qué te sientes constantemente agotado, emocionalmente desgastado, sin saber bien por qué. Además, tendrás la capacidad de identificar a estos ladrones que viven de nuestra energía, de robarla para diversos fines. Este es el mejor momento para que retomes el control de tu vida y marques distancias significativas con estos vampiros. ¿Te interesa saber cómo?

La primera recomendación que quiero hacerte es que deseches esa idea de que eres el único responsable de tu desgaste emocional. Deshazte de esa idea, arrójala lo más lejos que puedas. Si bien es cierto que en algunos casos es conveniente aceptar nuestra responsabilidad en lo concerniente a nuestra situación psíquica, también es válido aceptar que no siempre somos los únicos encargados de derribar nuestro equilibrio emocional. La autocompasión, aquí, es trascendental. Así es referido el tema en el libro Inteligencia emocional, publicado por la Harvard Business review:

> Ahora piensa por un momento en cómo te tratarías a ti mismo si cometieras un gran error o afrontaras un revés. Es probable que seas mucho más duro contigo mismo, que te lances a la autocrítica («Soy tan idiota»), que te ocultes en la vergüenza o el bochorno o que pases mucho tiempo rumiando sobre tus incapacidades o tu mala suerte («¿Por qué a mí? ¿Cómo puede pasarme esto a mí?»). Cuando las cosas van mal en nuestras vidas, nos convertimos en nuestro peor enemigo. Sin embargo, hay una forma distinta de recuperarse emocionalmente y volver a levantarse: la autocompasión.

Esta es la premisa original del capítulo que estás por leer. Un conjunto de reflexiones y sugerencias que te llevarán al siguiente nivel de tu crecimiento personal.

¿Qué es un vampiro de energía?

¿Has tenido la sensación de que "pierdes un poco de tu vitalidad" al momento de compartir con alguien en especial? Con esto quiero decir a sentirnos exhaustos, irritados, estresados, ansiosos, amenazados e incluso deprimidos después de pasar tiempo con alguien. Si algo he aprendido a lo largo de estos años de profunda inmersión en el mundo de la inteligencia emocional es que la primera reacción ante esto es sentirnos culpables. ¿Por qué pensamos tan mal de esa persona? ¿Qué me ha hecho esa persona para que esté pensando todas estas cosas? Esta es una reacción normal y hasta cierto punto comprensible.

Si has estado en una situación parecida, es posible que estemos hablando de un vampiro de energía. A diferencia de los vampiros de las películas, que consumen la sangre de los protagonistas para mantenerse con vida, en este caso son personas emocionalmente inmaduras que tienen la sensación de que el mundo debe girar en torno a ellos. Este es un concepto relativamente nuevo, aunque ha estado presente en el ser humano desde el principio de la humanidad. Ahora, con el crecimiento de la literatura de autoayuda, tenemos mejores alternativas para entender qué son estos seres y cuál es su efecto en nosotros, en nuestra vitalidad y fuerza emocional.

¿Cuáles son, pues, las características de un vampiro de energía? Uno de los atributos más conocidos es que carecen por completo de empatía. Les resulta prácticamente imposible ponerse en los zapatos del otro. La perspectiva de la otra persona les importa poco como consecuencia de un marcado ensimismamiento y de una arrogancia que crece en la medida en que capten la atención de otros individuos. Por alguna razón, creen genuinamente que todo lo que sucede a su alrededor (personas incluidas) están allí para satisfacer sus deseos, para servirles como escalones hacia sus metas.

5 tipos de vampiros de energía

El vampiro mártir: como intuirás, el vampiro mártir nunca toma la responsabilidad de su vida. Son expertos en dirigir la culpa de lo que les pasa hacia cualquiera pero nunca a ellos mismos. Consumen tu energía porque te llevan a una dinámica plagada de pesimismo, donde todo parece estar dirigido a arruinarles la vida. Si eres una persona empática, harás todo lo posible por prestarle atención, por ofrecerle alternativas, pero con el transcurrir del tiempo te darás por vencido. El vampiro mártir tiene una autoestima muy endeble, no se siente digno de nada. Al final del día, su compañía te desgastará de tal manera que, en un descuido, puedes simpatizar con esa visión tan corrosiva del mundo.

El vampiro narcisista: todos hemos tenido la desdicha de perder valioso tiempo en compartir ratos con este tipo de vampiros. Los vampiros narcisistas no tienen ni la capacidad ni el interés en mostrarse empáticos con los demás. Su filosofía de vida es "Yo primero". Por esta razón, siempre te exigirán ser la prioridad en tu vida. A menudo utilizan un falso encanto para manipularte pero, en lo que tengan oportunidad, no tendrán reparos en traicionarte o hablar a tus espaldas. Es bien sabido que las personas narcisistas pueden comportarse con encanto y gran carisma, pero esto solo es un ropaje que utilizan para obtener lo que buscan. Si en tu vida hay un vampiro narcisista, es posible que tengas la sensación de haber perdido el control de tu equilibrio emocional debido a su ensimismamiento.

El vampiro dominante: los vampiros dominantes se comportan de esta manera por las profundas carencias e inseguridades que alimentan en su fuero interno. Les encanta sentirse superiores y expresarlo siempre que tienen una oportunidad. Su mayor miedo es sentirse o comprobar que son imperfectos, que cometen errores tanto como los demás. Para compensar estas inseguridades actúa con hostilidad, intimidándote, derruyendo tu equilibrio emocional y tu inseguridad. Ellos, como Drácula, no pueden vivir si no consumen tu autoconfianza. En la medida en que sientan que ya no crees en ti mismo, se darán por satisfechos pero no cesarán en sus ataques. Otra característica a tener en cuenta es que generalmente son racistas, clasistas o sexistas.

El vampiro dramático: ¿cómo reconocer a los vampiros de energía de esta categoría? Es sencillo. Aprovechan cualquier oportunidad para trasladar hacia ti la culpa de lo que ocurre en sus vidas. Es un denominador común entre todos los vampiros de energía no saberse responsables de lo que ocurre con ellos. De manera, si les prestas atención, si les dedicas tiempo, más temprano que tarde terminarán por culparte de todos sus problemas, incluso de aquellos que ni siquiera conoces. Los vampiros dramáticos pueden ser nuestros mejores amigos, nuestra pareja sentimental o algún familiar. De manera que se torna fundamental que sepas identificarlos y marcar toda la distancia necesaria para conservar tu vitalidad.

El vampiro crítico: constantemente emite juicios de valor, no repara en expresar lo que piensa sin siquiera considerar que sus palabras son hirientes. Los vampiros críticos están cómodos en su imaginada posición de superioridad moral, desde donde dirigen improperios, críticas y reclamos que no siempre tienen una razón de ser. Les caracteriza un lenguaje no verbal hostil, elitista. En los casos más exacerbados, se muestran totalmente orgullosos de sus prejuicios. Es muy peligroso pasar tiempo con vampiros críticos porque corres el riesgo de adoptar sus actitudes más cuestionables. Para combatir el efecto de estos vampiros tienes que recordar que la verdadera autoestima proviene de ti mismo. No hay palabra ni acción que pueda afectarte si estás totalmente seguro de lo que eres capaz.

5 estrategias para romper con los vampiros de energía

Ahora que ya conoces las características principales de un vampiro de energía, y de qué manera pueden afectar tu motivación y tu energía, es el momento de seguir avanzando. Una de las primeras cosas que debes saber es que son inevitables. Quizás en este momento, mientras lees estas líneas, tu vida se encuentra amenazada por un vampiro de energía. Y es que, por mucho que cuidemos nuestras relaciones interpersonales, es inevitable pasar tiempo con personas como estas.

Familiares, ¿qué puedes hacer si el vampiro que desgasta tu energía se encuentra en tu núcleo familiar inmediato? ¿Le desheredarás? ¿Huyes para siempre? Lo mismo sucede con los amigos. Incluso amigos con los que hemos crecido desde niños y ahora son perfectos vampiros. Les amamos, pero ningún amor debe superar el que sentimos por nosotros mismos. Incluso en el seno de nuestra relación romántica puede haber un vampiro que solo piensa en sí mismo, que distribuye culpas por doquier, que actúa con hostilidad en todo momento. La verdad es que no podemos desprendernos de muchos de los vampiros que hoy yacen en nuestra vida. Pero sí podemos limitar el tiempo que pasamos con ellos, lidiar con sus conductas corrosivas.

Las 5 estrategias que encontrarás a continuación son el resultado de años de práctica y estudio sobre este tema tan apasionante. 5 enfoque que, llevados a la práctica, te serán de gran utilidad para lidiar con esos vampiros tan dañinos para tu salud emocional y tus energías vitales.

Conéctate contigo mismo: no existe mejor mecanismo de defensa contra la amenaza que supone un vampiro de energía que estar bien contigo mismo. Esto implica tratarte con amabilidad, con cariño, con compasión, aceptar los errores y trabajar concienzudamente para mejorar tus condiciones de vida. Estar 100% comprometido con tus propósitos es, por sí mismo, un acto de conexión con lo que eres y con todo aquello que quieres alcanzar en tu vida. Existen muchas formas de alcanzar esta conexión. En lo personal, la meditación es una herramienta infalible. Imagina el efecto que tendrá en ti desconectarte por 5 minutos de las preocupaciones diarias: sentarte en tu habitación, poner algo de música relajante, cerrar los ojos y concentrare plenamente en el ritmo de tu respiración. ¡Qué increíble!

Protégete: el desgaste emocional atenta contra tu productividad, tu eficiencia, tu manejo emocional. Nadie, en su sano juicio, quiere perder la posibilidad de ser feliz por mantenerse cerca de personas que le consumen, le inquietan, le desgastan hasta el tuétano. Protegerte implica:

a. Marcar distancia cuando así lo consideres necesario.

b. Buscar apoyo profesional en el caso de que tu vampiro sea una persona muy allegada.

c. Entender que todos los estados emocionales son parciales, transitorios.
d. Priorizar. Tu felicidad, tu plenitud deben ser la única prioridad en tu vida.
e. Desarrollar inteligencia emocional para lidiar con los muchos niveles de estrés que supone estar con alguien que absorbe tu energía.

Pasa tu tiempo en grupos de 3 o más personas: No te voy a engañar, es difícil lidiar con un vampiro de energía. Sin embargo, cuando construyes las condiciones adecuadas todo adquiere un tono distinto. En este sentido, me gusta recomendar que pases tiempo entre 3 o más personas porque la atención del vampiro se dividirá entre todos los integrantes. Incluso si tú eres su mejor amigo, su familiar o su pareja, la naturaleza del vampiro le llevará a luchar contra todos. Si es un vampiro dominante, toda su hostilidad se repartirá entre los interlocutores. Si es un vampiro melodramático, igual. Es como arrojar una maya ante una multitud; por mucho que alguien quiera que la maya vaya solo a ti (que no es el caso, porque los vampiros no son conscientes de estos atributos), tendrá contacto con muchas otras personas. Esto es lo que se propone con esta recomendación.

Regala tu ausencia: aunque el vampiro sea tu pareja sentimental o tus padres (lo que hace imposible que te retires del juego), siempre tendrás la posibilidad de alejarte, aunque sea parcialmente, parar que tus energías se reestablezcan. No temas regalar tu ausencia, aunque esto sea tomado como una imprudencia o hasta una falta de respeto. Tienes el derecho a velar por tu salud emocional, y ella es más importante que cualquier otra cosa. Ausentarte momentáneamente de lo que te hace mal no puede ser considerado como un irrespeto de ningún modo posible. Estás anteponiendo tu tranquilidad emocional y eso es algo que debe ser mencionado. Sin embargo, si al bendecir a tus vampiros con buenas dosis de tu ausencia la situación no mejora, y te ves obligado/a a romper con la relación, has de entender que hiciste lo que estuvo a tu alcance.

Apégate a los temas ligeros: siempre que vayas a conversar con ese vampiro de energía, ten en cuenta que existen algunos temas que desencadenan e intensifican sus características vampíricas. Por ejemplo, uno de mis mejores amigos saca a relucir su proceso más melodramático y de victimización cada vez que sale a relucir el tema de su trabajo. Pero también he conocido personas a las que temas complejos y polémicos (religión, política, derechos reivindicativos, entre muchos otros) generan en ellos cambios radicales y se tornan hostiles, hirientes e incluso prejuiciosos. Si son amigos a los quieres mucho, con quienes has crecido sentimental y emocionalmente, y no quieres llegar a la ruptura, lo mejor es que te concentres en un guion ligero que no le dé pie a sacar los colmillos de vampiro que tanto te absorben.

Capítulo 7
Habilidades de inteligencia emocional

Ahora que hemos llegado al séptimo capítulo de este increíble paseo, tu idea sobre la inteligencia emocional (y su importancia en la construcción de mejores habilidades, mejores relaciones sociales y mayores probabilidades de éxito) es mucho más sólida. Sin embargo, como era de esperarse, un tema tan apasionante no puede ser corto. En el capítulo que estás por leer encontrarás algunas de las habilidades más increíbles que nos ofrece la inteligencia emocional. Habilidades que, puestas en la práctica, no solo nos ayudarán a ser mejores personas, mejores profesionales y mejores ciudadanos, también llevará a quienes nos rodean a cambiar para bien en función de nuestro cambio de actitud.

Si todavía conservas algunas dudas acerca de qué tan trascendental es la inteligencia emocional como estilo de vida, te invito a que profundices en la lectura de los párrafos siguientes. He diseñado una lista de 10 habilidades que todos queremos tener en nuestro haber, de forma consciente o inconsciente. Habilidades que nos diferencian del resto, que nos brindan seguridad y confianza. Habilidades que ejercen la función de herramientas en la construcción de una emocionalidad equilibrada, saludable y funcional. Las emociones negativas, inevitables como la lluvia o el tráfico, no son razón suficiente para ser infelices. En lo que pongas en práctica te darás cuenta por ti mismo cuán valiosa es la inteligencia emocional. En un abrir y cerrar de ojos habrás tomado como propias todas estas conductas, conocimientos y enfoques que presentaré a continuación. Y, te lo aseguro, serás una persona mucho más feliz.

5 pilares esenciales de la inteligencia emocional

En el primer capítulo de este libro te expliqué que el cociente emocional (EQ) está determinado, entre muchas otras variables, por 5 pilares esenciales. Estos son:

1. La autorregulación.

2. La autoconciencia.
3. La motivación.
4. La conciencia social.
5. La regulación social.

Siguiendo este orden de ideas, explicaré cada uno de ellos antes de continuar:

✓ La autorregulación: la autorregulación tiene que ver con el control emocional en su máxima expresión. Significa tener un control sólido de los distintos cuadros emocionales que vivimos diariamente para que estos no afecten ni nuestras relaciones de trabajo, ni las interpersonales ni nuestra eficacia en el desempeño de competencias técnicas. Si careces de autorregulación, reaccionarás groseramente cuando alguien se acerque en medio de una situación de estrés, o golpearás la pared haciéndote daño, o simplemente te congelarás sin hacer nada para solventar el problema. Sin esta habilidad estamos a merced de nuestras emociones, siendo estas las que tomen cada decisión y acción en nuestras vidas.

✓ La autoconciencia: es la capacidad de valorar de forma adecuada lo que eres, lo que te constituye como individuo. En la medida en que sepas cómo autoevaluarte (física, psíquica y emocionalmente), tendrás una mejor perspectiva del mundo a tu alrededor. La concienciación de las propias emociones es fundamental para restarle poder a reacciones inesperadas, erráticas y disfuncionales. ¿Por qué la autoconciencia es un pilar de la inteligencia emocional? Porque quien conoce lo que sucede en su fuero interno está en mejor posición para tomar decisiones adecuadas en lo concerniente al trabajo, a las relaciones interpersonales o a la vida romántica. De acuerdo a Daniel Goleman, quien como ya sabes es considerado el padrino de la inteligencia emocional, la autoconciencia se caracteriza por:

- Mejor reconocimiento y designación de las emociones
- Mayor comprensión de las causas de los sentimientos
- Reconocimiento de las diferencias existentes entre los sentimientos y las acciones

✓ La motivación: como es bien sabido, una habilidad inherente a la inteligencia emocional es la capacidad de la persona de mantenerse firme, enfocada y motivada en la concreción de sus objetivos. Y es que, retomando lo dicho anteriormente, ¿cuál es la ventaja que nos da la inteligencia emocional en términos de motivación? Que al hacernos conscientes de que las emociones son ineludibles, no nos veremos tan afectados por estas. Para nadie es un secreto que hay días "buenos" y días "malos". Pero las personas emocionalmente inteligentes aplican esta frase más allá de lo anecdótico. Tenemos la certeza de que las emociones negativas forman parte del camino, y no nos derrumbamos cuando llegan "los días malos". A este punto es al que quiero que llegues.

✓ La conciencia social: esta no es más que el conjunto de sentimientos que albergamos en nuestro interior hacia los demás. Sentimientos que se derivan de nuestra capacidad de vivir de una forma empática. Daniel Goleman define esta en: empatía primordial, sintonía, exactitud empática y la cognición social. La conciencia social está íntimamente vinculada con nuestra actitud hacia las personas que conforman nuestro entorno, indistintamente de si estamos en una conferencia de trabajo, en una reunión familiar o en el almuerzo de cada domingo en la casa de nuestra pareja. Sea cual fuere el escenario, tener conciencia social es ir más allá de lo "propio" y pensar en los demás.

✓ La regulación social: la regulación social es un concepto que viene a referir nuestra responsabilidad en la salud emocional de los demás. Pero, ¿cómo es posible esto? Esto no quiere decir que tomemos decisiones por los otros, en absoluto. La regulación social es nuestra capacidad para influir en el equilibrio y la claridad emocional de otras personas a través de una adecuada gestión de relaciones sociales.

6 habilidades propias de la inteligencia emocional

La comunicación efectiva:

Se afirma que una comunicación es efectiva cuando todos los involucrados han captado el mensaje que se transmitió. Es decir, cuando tanto emisor como receptor tienen claro todo lo concerniente a los temas tratados durante esa interacción social. Escuchar atentamente lo que tu interlocutor transmite, respetar los tiempos de participación, las formas, el lenguaje (tanto el verbal como el no verbal) son solo algunos de los principios que rigen una comunicación efectiva. A nivel empresarial, la falta de comunicación puede devenir en consecuencias desastrosas, principalmente en lo financiero. Sin embargo, esta es una habilidad que debe estar presente en todos los estadios sociales, tanto a nivel macro como en la esfera más pequeña e imprecisable.

Es importante destacar que la comunicación efectiva va mucho más allá de las palabras utilizadas en una conversación o si mantienes el contacto visual mientras tu interlocutor habla. También está relacionada con la capacidad de comprender las emociones de todos los participantes del mismo modo que comprendes las tuyas. Se han determinado algunas barreras frecuentes que impiden que se dé una comunicación de forma efectiva. Estas son:

- ✓ Barreras semánticas.
- ✓ Barreras organizacionales.
- ✓ Barreras emocionales o psicológicas.
- ✓ Barreras personales.

Definir una comunicación efectiva de gran nivel no solo es muy sencillo, también es *medular* si quieres consolidar mejores relaciones interpersonales, sociales y sentimentales. Para ello, procura hacer lo siguiente en cada conversación:

- Escucha atentamente.

- Ten empatía y respeto por el otro.
- Sé consciente de las emociones del otro.
- Haz preguntas, interésate en lo que te dicen.
- Respeta los tiempos y las normas del buen oyente / buen hablante.

En todo caso, mi sugerencia general es que trabajes tus habilidades comunicativas porque estás son trampolines que te llevarán al siguiente nivel en tu vida. No importa si te dedicas a programar aplicaciones móviles, a reseñar películas en Youtube o si eres el vicepresidente de operaciones de una multinacional. Siempre la comunicación efectiva será una necesidad en términos de crecimiento y conexión con todas esas personas con las que día tras día estableces algún tipo de conexión. Las conversaciones deben ser eso, conversaciones, no monólogos en los que nos dedicamos a fingir que escuchamos, ignorando que en el mensaje que intentan hacernos llegar se encuentran muchas de las emociones que agobian a nuestro interlocutor. Y, recuerda, preocuparnos por la emocionalidad del otro también es empatía.

Tolerancia al estrés:

Ahora que sabes que la vida está plagada de emociones, y que estas son ineludibles como el sol que cuelga del cielo cada mañana, ¿por qué insistes en cederle terreno a sensaciones como el estrés, la rabia, la impotencia o la tristeza? Las personas orientadas al éxito no solo dedican su tiempo a perfeccionar habilidades técnicas como interpretar las acciones del mercado o elaborar minuciosos informes sobre las finanzas de la empresa, también se preparan en lo concerniente al manejo del estrés. Saben que un individuo con gran tolerancia a la frustración no se deja llevar por emociones fuertes y siempre (¡Siempre!) aplica el pensamiento crítico al momento de tomar una decisión.

En lo personal, he aprendido mucho sobre tolerancia al estrés desde que me adentré en el terreno de la inteligencia emocional. También he leído a muchos expertos con sus respectivas recomendaciones. El control emocional es un escudo que a la vez funciona como arma. Quien sabe mantener la calma en medio de las más complejas adversidades también sabe tomar decisiones funcionales cuando el aguacero se cierne sobre ellos. Estas son mis 3 claves para desarrollar tolerancia al estrés:

Acepto el estrés: lo primero que hago cuando una situación de estrés amenaza mi paz mental es aceptarla. Sí, aceptar que estoy sintiendo estrés, que la emoción puede desbordarse si no reacciono con serenidad y lucidez.

Tomo conciencia de mi respiración: el segundo paso es seguir la recomendación que muchos gurús de la meditación nos han hecho desde tiempos inmemoriales: tomar conciencia de la respiración. Cierro los ojos un par de minutos, me compacto con el movimiento de mi pecho al recibir oxígeno, al expulsarlo. Seguir cada palmo del oxígeno en mi cuerpo me ayuda a aliviar la carga emocional de la situación.

Procuro tener una respuesta creativa ante el estrés: en lugar de martirizarme por la decisión que voy o debo tomar, le doy un matiz mucho más divertido. Pienso en respuestas creativas, innovadoras. "¿Qué haría un loco en mi lugar?" "¿Cómo reaccionaría ese gran amigo que siempre he admirado por su creatividad?" Y, a partir de allí, voy elucubrando posibles soluciones que salgan del margen de lo tradicional. Al intentar divertirme le quito importancia al factor estrés.

Autoestima:

Referirnos a las habilidades de la inteligencia emocional es también hablar del grado de autoconfianza necesario para soportar las vicisitudes que siempre amenazan con irrumpir en nuestro equilibrio emocional. Una persona puede tener un gran nivel de autoconfianza y aun así dejarse llevar por los estadios emocionales más fuertes, es cierto, pero también lo es que cuando creemos en nosotros mismos somos más propensos a concluir que al margen de las circunstancias, somos muy capaces de salir adelante. Esto es lo que diferencia a alguien con autoestima alta y alguien con una inteligencia emocional lo suficientemente sólida como para ganar el juego del día a día sin sobresaltos.

Optimismo:

Ser optimista es una filosofía de vida basada en encontrar siempre el punto positivo a todo lo que ocurre en nuestras vidas. A diferencia de quienes viven de forma pesimista (ven el vaso medio vacío), las personas emocionalmente inteligentes siempre encuentran razones para estar agradecidos con la vida. Sí, es evidente que a veces no tenemos las energías suficientes para "celebrar" todo cuanto ocurre, pero la verdad es que quien consigue trascender de estos malos momentos para mostrarse agradecidos, estará siempre atento y sacará todo el jugo posible a las muchas oportunidades que pasan frente a nuestros ojos con cada minuto del día.

El estadista y ganador del premio Nobel Winston Churchill lo define increíblemente: *"Un pesimista ve la dificultad en cada oportunidad; un optimista ve la oportunidad en cada dificultad"*. La pregunta es: ¿quién quieres ser?

Empatía:

La necesidad más profunda del ser humano es la de ser escuchado y entendido. Cuando entendemos real y profundamente a otro ser humano, le damos aire emocional en momentos de conflicto, durante el manejo de diferencias, o, simplemente, cuando alguien quiere ser escuchado. Esto puede, incluso, tener un efecto curativo. Está más que claro que ejercer empatía requiere un gran nivel de paciencia; mantenerse en silencio es un elemento esencial, así como la conciencia de que no podemos involucrarnos en indagar e investigar las razones por las que el individuo está sintiendo o pensando de esa manera. La empatía no es un momento para expresar acuerdos, es más para ofrecer la mano amiga, escuchar atentamente y entender genuinamente los diversos cuadros emocionales que atraviesa la otra persona.

Habilidades sociales:
El campo de la inteligencia emocional nos habla de habilidades sociales en función del impacto que nuestra presencia impone en los interlocutores u otros actores de determinada situación. Las habilidades sociales básicas son: liderazgo, influencia, gestión de conflicto, gestión del cambio y la comunicación. ¿Cuál es, en síntesis, el propósito

de las habilidades sociales? Nos ayudan a expresar nuestros sentimientos, deseos, opiniones o derechos de una forma adecuada, no hiriente ni impulsiva. La consecuencia esperada es un mejoramiento evidente de nuestras relaciones interpersonales. También nos ayudan a sentirnos bien, a obtener lo que queremos y a diferenciarnos de aquellas personas que por alguna razón no quieren que lleguemos a nuestras metas.

Las relaciones interpersonales son uno de los puntos focales que hacen que las habilidades sociales sean tan necesarias. Recuerda que el mundo se compone de un cúmulo de relaciones sociales. Si te va bien en tu emprendimiento, pero tu mejor amigo atraviesa un delicado estado depresivo, lo más probable es que no te sientas bien pese al éxito de tu empresa. Como lo define Daniel Goleman:

> En cada relación subyace un intercambio subterráneo de estados de ánimo que nos lleva a percibir algunos encuentros como tóxicos y otros, en cambio, como nutritivos. Este intercambio emocional suele discurrir a un nivel tan sutil e imperceptible que la forma en que un vendedor le dé las gracias puede hacer-

le sentir ignorado, resentido o auténticamente bienvenido y valorado. Nosotros percibimos los sentimientos de los demás como si se tratase de una especie de virus social.

Capítulo 8
Consejos y trucos

La razón primordial por la que me propuse desarrollar este libro, más allá de ofrecerte reflexiones y conceptos básicos sobre este tema tan trascendental para tu crecimiento como individuo, es darte algunas pautas y recomendaciones prácticas para que conviertas la inteligencia emocional en tu denominador común, en tu estilo de vida. Este penúltimo capítulo está orientado a facilitarte todas las herramientas pertinentes para que transformes tu vida a niveles insospechados, siempre desde el enfoque del manejo inteligente de tus emociones. Ahora bien, creo necesario dejar claro que todos los trucos y consejos que te ofrecerá a lo largo de estas páginas están al perfecto alcance de tus manos. Y es que, como te he dicho a lo largo de este proyecto, no existe un solo párrafo que no pueda ser comprobado por ti mismo, si así lo desearas.

El único camino hacia una vida plena y libre de las cargas supuestas de la emocionalidad humana reside, pues, en la gestión adecuada de nuestras emociones. A estas alturas ya sabes que la aceptación es el primer paso. Aceptar que, como individuos, sentir emociones es absolutamente normal. No conviene, desde ningún punto de vista ni bajo ningún concepto, enzarzarse en un conflicto contra algo inmaterial, algo que carece de forma física y que nos acompañará hasta el último día de nuestras vidas. En el caso contrario, ¿qué hacer contra un ente que no tiene forma y que amenaza con apropiarse de nuestras decisiones más elementales? Hacerlo un aliado es la única opción. Cualquier otra alternativa nos expone a participar en una batalla a priori perdida.

Las emociones forman parte del juego, estimado lector, y como tal solo tienes un camino: lidiar con ella. El capítulo que leerás a continuación, siguiendo el orden de ideas de todo el libro, busca darte todas las herramientas para que conviertas tu emocionalidad en un aliado y no en el principal enemigo. Muchos de los trucos y consejos que te revelaré a continuación han sido comprobados por mi propia cuenta en momentos de alta carga emocional. Y, te lo aseguro, tienen el poder de transformar tu vida de una forma más que radical, positiva. Si estás preparado para dar el salto definitivo hacia un estilo de vida de inteligencia emocional, este es el momento perfecto para apropiarte del conocimiento que este servidor, en compañía de otros expertos, pone a tu disposición. 30 trucos que sacarán lo mejor de ti, que te convertirán en tu mejor versión para mejorar tu vida en lo concerniente a las relaciones sociales, las habilidades comunicativas y un mejor funcionamiento de tu mente subconsciente, que deberá estar siempre orientada a la consecución de tus objetivos.

30 trucos para fortalecer tu inteligencia emocional en todos los escenarios de la vida

1. Entender tus motivaciones: ¿cuál es la razón por la que emprendiste ese proyecto? ¿Por qué sentiste, o sientes, que ese es tu camino hacia el éxito? ¿Lo que haces en tu día a día está determinado por la necesidad de vivir

una vida feliz? ¿O solo sigues la rueda? Estas son preguntas que exigen un profundo ejercicio de autoevaluación. El autoconocimiento es más que necesario, vital, para entender el papel que juegan las emociones en este largo y dichoso camino que es la vida. Con preocupante frecuencia las personas inician un proyecto (este paso exigió, en su momento, ese increíble combustible llamado motivación), pero no completan sus objetivos porque pierden la motivación en el camino. La pierden por las cuitas del día a día, por las dificultades y adversidades atravesadas. Entender tus motivaciones vitales es garantía, un blindaje contra las vicisitudes. Si quieres cumplir tus objetivos, recuerda siempre que puedas cuál es el motivo que te llevó a dar ese primer paso, a iniciar ese proyecto, a tomar tal decisión.

2. Utiliza un diario: los diarios son excelentes instrumentos para calibrar lo que sucede en nosotros

en un nivel psíquico. Pero, ¿cómo funciona? Estoy seguro de que en algún momento has necesitado una hoja y un lápiz para poner algo de orden a las ideas que se agolparon en tu cabeza. Es exactamente lo mismo. La mente subconsciente es capaz de almacenar una gran cantidad de información sin que nos demos cuenta de ello. Cuando utilizamos un diario, lo hacemos siguiendo una idea que se encuentra en la mente consciente, pero la "verbalización" de esa idea abre paso para que surgen otras ideas de las profundidades de la mente subconsciente. Por otro lado, nos permite a reencontrarnos con emociones que podrían tener implicación en nuestras acciones sin que seamos conscientes de ello. Es una idea increíble, y un truco de gran valor para asimilar lo que sucede en nosotros a un nivel emocional más profundo.

3. Tómalo con calma: si las emociones te abruman, tomarás decisiones erráticas, poco efectivas.

En el camino lastimarás a personas que te importan, perderás oportunidades profesionales para crecer, entre muchas otras consecuencias visibles. Ahora que sabes que las emociones pueden alterar tu equilibrio y salud mental, ¿qué sentido tiene darles poder? El segundo truco de esta lista es: tómatelo con calma. Cuando sientas que el estrés se te sube a la cabeza, que la rabia empieza a hacer mella en ti, en tu raciocinio, tómate unos minutos de respiración profunda. Practica algunas técnicas de atención plena y desentiéndete de las preocupaciones que se arremolinan en tu cabeza como pájaros enloquecidos. Desconectar tu cerebro, aunque sea parcialmente, es la única manera para aprender a tomar con calma tus emociones, partiendo del ineludible hecho de que estas se mantendrán allí con independencia de tu reacción. ¿Cuál es el fin de este truco? Darle "espacio" a tu mente y, así, tomar decisiones racionales que no te sumerjan más.

4. Diseña un horario y respétalo: la ansiedad y el estrés son enemigos siempre presentes en la vida. Indudablemente, enfrentar estas emociones puede tornarse un verdadero desafío, sobre todo si carecemos de la cultura y de los conocimientos necesarios para llegar a la meta. El cuarto truco para fortalecer tu inteligencia emocional es fortalecer tu enfoque y determinación a través de la fuerza de voluntad. ¿Cómo? Prepara un horario que se apegue a tus objetivos, con tareas bien focalizadas hacia los resultados que esperas, y no tengas miramientos al momento de cumplirlo. Sé que puede ser difícil la lucha contra la procrastinación, pero en la medida en que gestiones tu fuerza de voluntad disminuirás las probabilidades de perder el juego emocional. Los resultados determinan tu situación psíquica. La premisa de este truco es evitar el estrés y la ansie-

dad como te sea posible. Y, en este sentido, ¿qué mejor manera que gestionar bien tu tiempo y tus energías para que todos los objetivos se cumplan de acuerdo a lo establecido?

5. Aliméntate bien: una alimentación balanceada tiene efectos que van mucho más allá de lo meramente físico. Sí, es bien sabido (y está bien documentado) que los alimentos que introducimos en nuestro organismo nos proveen vitaminas, minerales y demás elementos fundamentales para que el cuerpo funcione de la mejor forma posible. Sin embargo, sus ventajas no se limitan solo al aspecto físico, corpóreo. Si quieres optimizar tus funciones cerebrales básicas, es necesario que te alimentes bien. Por otra parte, en lo concerniente a la inteligencia emocional, este es un truco que no se menciona mucho en los manuales de la literatura especializada. Pero cuando nos alimentamos bien, estamos menos expuesto a padecer picos de es-

trés y de emociones negativas. Razón suficiente para dirigir tu atención hacia una alimentación adecuada, que cumpla con los requisitos básicos para que todo en ti, tanto física como psíquicamente, funcione de las mil maravillas.

6. Mantén activo tu interés: no te voy a negar que, al principio, me costó entender eso de que el cerebro puede entrenarse. "Pero si el cerebro no es una computadora", me decía constantemente. Pero con el tiempo y el descubrimiento de ciertas cosas entendí que, claro, el cerebro humano es una computadora y que puede ser reprogramado como cualquier otro ordenador. Claro que estamos hablando del computador más imponente y complejo del mundo, al menos de todas las especies conocidas hasta la fecha. Pero, aunque sea tan complejo, puede ser entrenado como cualquier otro músculo del cuerpo. Es así como muchos entrenan las habilidades comunicativas.

Mantener activo el interés es garantizar la motivación a pesar de las complejidades del camino. ¿Cómo hacerlo? Ejecutar este truco solo requiere que recuerdes constantemente lo que quieres lograr. Yo, por ejemplo, por mucho tiempo estuve interesado en transmitir mis conocimientos a través de la literatura especializada. Si hubiese permitido que mi interés decayera, se difuminara, hoy no estarías leyendo este libro.

7. Toma la iniciativa en cualquier conversación: las habilidades comunicativas están presentes en todas las personas emocionalmente inteligentes. Establecer una comunicación efectiva es, en la mayoría de los casos, el primer toque de atención, la primera característica de interés genuino por el mensaje que tu interlocutor intenta transmitirte. Una gran forma de mejorar tus habilidades sociales es aislar esa habilidad que te gustaría desarrollar. Si te cuesta tomar la iniciativa en una

conversación, establécete un reto que implica dar el primer aso. Para lograr esto puedes hacer como hacen los niños, y aplicar el modelado. Fíjate en alguien a quien tú conozcas que sea bueno tomando la iniciativa en una conversación y construye patrones parecidos para, así, perfeccionar esa parte tan indispensable de las habilidades comunicativas. Observa sus trucos, sus métodos, e impleméntalos como parte de un acuerdo contigo mismo. Un acuerdo que tiene como propósito acercarte más al modelo de individuo ágil en las comunicaciones. Después de todo, somos el mensaje que queremos transmitir, ¿no?

8. Practica la empatía activamente: no cabe dudas acerca de la relevancia de la empatía en el mundo tal como lo conocemos. No en vano es cada vez más frecuente escuchar a expertos en el crecimiento personal y a psicólogos orientados a la gestión del talento humano enarbolar decenas de

razones por las que tener empatía por los demás es tan necesario. Como bien sabes, tener empatía es la capacidad de ponerte
en los zapatos del otro, entender
sus circunstancias, sus emociones, y a partir de este conocimiento estructurar acciones que
propicien un acuerdo en la comunicación establecida. Es difícil
ejercer empatía ya que a veces
requiere que nosotros no nos in-
volucremos en minimizar el dolor
del otro y así dejar que el otro
tenga la experiencia de expresar
sus emociones, posiciones y pensamientos en el grado que así lo
requiera su estado emocional. Tú
mismo has sido testigo de esto
cuando notas que alguien escucha con atención tus palabras,
sin emitir juicios ni reñir. Solo
permitiéndote *ser* y *expresar*.

9. Más cara a cara, menos redes sociales: si no desarrollas tus habilidades sociales, difícilmente consigas abrirte paso en el duro camino de la vida. Un camino que
se torna cada vez más y más

complejo en la medida en que avanzas. Tanto si tu interés es desarrollarte profesionalmente, o en aspectos más personales e íntimos, siempre necesitarás desarrollar tus mecanismos sociales. La aparición de las redes sociales ha supuesto un revés en este sentido. Ahora todo se reduce a mensajería instantánea, Instagram, Twitter, WhatsApp, Telegram, entre muchas otras alternativas que, más que conectarnos entre nosotros, nos alejan de la experiencia vivencial. Estar frente al otro, leer sus mensajes no verbales, sentir empatía por sus circunstancias, interpretar sus emociones. La proliferación de "sustitutos" virtuales de la interacción social impide que crezcamos en el ámbito personal. Mi recomendación no es que cierres todas tus redes sociales y te aísles de lo virtual, sino que no utilices estas herramientas como sustitutos del contacto directo con tu entorno social.

10.   Trabaja en tus "formas de hablar": a estas alturas del juego es una obviedad decirlo, pero la importancia de la comunicación no verbal es altísima. Tanto que existen algunas estrategias y trucos para sacarle todo el provecho posible a la inteligencia emocional una vez que seas dueño de este conocimiento. El lenguaje corporal, el contacto visual, el tono de tu voz, son claves para construir una comunicación efectiva y asertiva con todos aquellos interlocutores con los que dialogues en el transcurso de tu vida. Si aprendes a leer el lenguaje no verbal de una persona, sabrás que muchas veces lo que dice no es lo que realmente quiere decir. Saber esto te dará unos pasos de ventaja, sobre todo en procesos de negociación o en conversaciones donde hay cosas importantes en juego. Te invito a que le prestes especial atención, tanto a lo que tu comunicación no verbal transmite como a la que los demás. De esta manera podrás sa-

car todo el jugo posible de tus conocimientos en Inteligencia emocional.

11.   Agradece cada buena nueva: ¿qué podría decirte acerca de la gratitud que no hayas escuchado o leído en algún otro lugar? Es increíble cómo la gratitud puede transformar nuestras vidas. Desde todo punto de vista, este es un hábito que fomenta un mejor diálogo interno al tiempo que suprime las muchas creencias limitantes que, a menudo, impactan en nuestra mente subconsciente. La buena noticia es que, para ser agradecidos, no hace falta más que la intención. No necesitarás invertir grandes cantidades de dinero ni visitar un templo sagrado; basta unos minutos de silencio antes de irte a dormir para recordar todas las cosas buenas que hay en tu vida. Aunque en este momento te encuentres atravesando distintas dificultades, tienes los recursos para salir adelante. Por recursos no me refiero a una cuenta ban-

caria llena de ceros, sino a la vitalidad, la inteligencia y otros tantos pequeños milagros que, en sumatoria, constituyen un día más de vida.

12.   No olvides respirar… bien: los ejercicios de atención plena referidos en el tercer capítulo de este libro son de gran utilidad al momento de calmar los estados de ansiedad y estrés. ¿Qué significa, según la inteligencia emocional, eso de respirar bien? Significa ser consciente de todo lo que sucede en tu cuerpo con cada inhalación. La idea es que, al centrarte en la contracción y expansión de tu diafragma, le restas importancia a las preocupaciones que te embargan. Si aún no lo has intentado, te invito a que lo hagas. Cierra los ojos por un par de minutos, dedica esos 120 segundos a sentir plenamente el recorrido del oxígeno inhalado; el aliento que expeles con cada exhalación, el movimiento de tu diafragma al recibir la bocanada de aire. La respiración

consciente te aliviará cargas emocionales, lo que mejorará significativamente tu toma de decisiones y acciones. Recuerda que quien carece de inteligencia emocional, corre el riesgo de afectar a otros (e incluso a sí mismo) reaccionando desde las vísceras y no desde el raciocinio.

13.   Confía en tu intuición: desde el día de tu nacimiento hasta ahora, tu mente subconsciente se ha ido desarrollando de acuerdo a experiencias pasadas, ajenas, condicionamientos y creencias de todo tipo. Según expertos en la neurociencia, el "cerebro subconsciente" almacena una cantidad ingente de información con el único fin de garantizar tu supervivencia frente a acontecimientos y vicisitudes del día a día. De manera que, si llegado el punto no estás tan seguido sobre qué camino tomar o qué hacer, no te preocupes. De vez en cuando permítete confiar en tu intuición. Te garantizo que la biología evolutiva lleva varios millo-

nes de años y que el ser humano está perfectamente capacitado para tomar decisiones ágiles y funcionales desde la intuición y no desde el raciocinio. Lo que sí debes evitar es que todas tus decisiones provengan de la intuición. ¡Esto queda totalmente prohibido, querido lector!

14.   Asuma la responsabilidad de tus actos: uno de los mitos que más ha calado en lo concerniente a la inteligencia emocional dicta que esta es la habilidad de estar siempre contentos o henchidos de emociones positivas. La verdad es que no funciona así. La premisa es aceptar que las emociones son innatas al ser humano y, en lo sucesivo, gestionar la carga emocional de forma inteligente, lúcida y racional. Tú eres el único responsable de administrar ese aluvión de emociones de la vida. Por lo tanto, tú eres el único responsable de las consecuencias que tus decisiones o acciones acarrean en tu vida. Cuando asumimos la responsabi-

lidad de nuestros actos, abrimos la puerta a la autocrítica (siempre desde la compasión y el perdón) para reevaluar los errores cometidos. El fin último, por supuesto, no repetir estos errores.

15.   Expresa tus emociones sin miedo: un truco que muchos ignoran y que tiene un efecto significativo en el desarrollo de la inteligencia emocional es la expresión. Desde niños, con cada paso que damos, aprendemos a reconocer y verbalizar nuestras emociones. Una persona que es capaz de decir, por ejemplo, "estoy molesto porque no consideraste mi punto de vista" significa sacar la emoción de la mente subconsciente y trasladarla a lo palpable e inmediato. Por otro lado, ¿cuándo has visto que un hombre o una mujer exitosos lograran sus objetivos sin desarrollar habilidades comunicativas? La adecuada gestión de las emociones va mucho más allá de aceptarlas como el pan de cada día, también implica responsabilizarte por

ellas. Entenderlas exige, desde luego, exteriorizarlas para que estas no radiquen solo en las sinuosidades de tu mente profunda. Si tienes dificultades para cumplir este truco, te recomiendo que te inscribas en un club de lectura, en un simposio o en cualquier tipo de conversatorio donde tengas que participar activamente. Si bien es cierto que este tipo de actividades no repercute en el manejo de las emociones, si te ayuda a mejorar tu capacidad de transmitir un mensaje, sea cual fuere este, incluyendo las emociones.

16.   ¡Escucha!: damos por hecho que escuchamos a la persona que se dirige a nosotros (por la razón que sea). Funcionamos como si en nuestro cerebro existiese un pilo automático. Nos pasa a todos. ¿Quién no se ha sorprendido en medio de una conversación, asintiendo sin convicción frente a lo que nos dice nuestro interlocutor? Este tipo de automatismos es una barrera que

nos impide entender, pero entender de verdad, lo que el otro nos dice. La escucha activa implica comprometernos con el mensaje del diálogo en su totalidad. Es decir, con lo que nuestros interlocutores nos dicen a través de las palabras, lo qua manifiesta su lenguaje no verbal, lo que nos dicen sus ojos o el tono de su voz. Los grandes hombres y mujeres de éxito entienden esto a la perfección. Cualquier conversación, por anodina que parezca, es para ellos una oportunidad de adentrarse por completo en el mensaje que se transmite. A partir de este momento, aplicarán otros principios como la empatía o las técnicas de la Programación neurolingüística, bien sea para sacar provecho o para plantear soluciones al conflicto que se plantea en la interacción.

17. Ten en mente tus metas: ¿por qué el enfoque es neurálgico para las personas exitosas? Porque estas, a diferencia de la mayoría de individuos que residen

en este planeta, han tomado como propios los obstáculos. Estos no les preocupan en lo más mínimo; todo lo contrario, entienden que cada roca en el camino es la oportunidad de desarrollar nuevas habilidades, nuevos mecanismos de afrontamiento, y en el ínterin podrán superar casi cualquier obstáculo que intente amenazar su ascenso a la cumbre más alta. La inteligencia emocional nos enfrenta a un dilema que jamás nos planteamos: ¿somos los dueños verdaderos de nuestra vida? Ante esta pregunta, casi todos responden "por supuesto", pero cuando llegan las vicisitudes les domina el estrés y toman decisiones erráticas que no contribuyen de ninguna manera a la consecución de los objetivos. Si tienes en mente tus metas, independientemente de las circunstancias que te toque enfrentar, encontrarás razones para tomar acciones estratégicas, racionales, que sirvan como instrumentos para llegar al norte que te has trazado como objetivo.

18.	Observa lo que sientes: la rutina diaria nos envuelve en una dinámica que se caracteriza por su variabilidad, rapidez y premura. Para nadie es un secreto que el mundo profesional, por ejemplo, nos exige cada vez más sacrificios, más tiempo efectivo frente a las distintas problemáticas del día a día. Mi propuesta parte de una premisa muy sencilla pero suficientemente transformadora. Tómate un minuto, aunque estés en medio de la situación más estresante. ¿Qué harás durante estos sesenta segundos? Nada especial, solo concentrarte en lo que sientes. Uno de los errores más comunes de las personas que no saben manejar sus emociones es que las ignoran. No son conscientes de estas hasta que es demasiado tarde.

Te pido, en este sentido, que dediques los 60 segundos a cavilar en las profundidades de tus emociones. "Estoy sintiendo mucho estrés porque debo entregar el informe antes del fin de semana", "siento mucha rabia porque mi supervisor ignoró por completo mis sugerencias en la reunión de trabajo", "me siento desilusionado porque contaba con ese ascenso". Estos son ejemplos bastante sencillos, pero forma parte del proceso para encaminarte hacia una vida donde las inteligencias sean pasos en el camino y no grillete sobre tus tobillos.

19. Concéntrate en contenido positivo: anteriormente te hablé de las razones por las que debes dejar de consumir contenido que invite a la negatividad o al pesimismo. Lamentablemente, la cultura popular está plagada de ejemplos: la literatura, el cine, la televisión, diversos actores de las redes sociales. Esto no quiere decir, desde luego, que rompas con todas las opciones de entretenimiento mencionadas recientemente. Todo lo contrario, la propuesta es que consolides tu equilibrio emocional a través de con-

tenido que invite al optimismo, a mirar el lado bueno de las cosas. Es indudable que la vida tiene muchas cosas que valen la pena, de manera que carece de sentido concentrar todas nuestras energías en aquello que construye barreras en nuestro crecimiento y promueve la multiplicación de creencias limitantes. Después de todo, ¿qué sentido tiene facilitar las condiciones para una emocionalidad corrosiva? Esa es, pues, la premisa de este truco para robustecer tu inteligencia emocional.

20.   Pide ayuda: siempre me ha interesado este tema, que puede resumirse a una sencilla y concisa pregunta: ¿por qué a las personas les cuesta tanto admitir un problema y, en consecuencia, pedir ayuda? ¿Tiene algo que ver con el orgullo? ¿Con la negativa a mostrarse frágiles? Es una tontería, a todas luces. El ser humano es frágil frente a la diversidad animal que nos rodea; también frente al grotesco poderío de la

madre naturaleza y sus manifestaciones. Por lo tanto, ¿qué sentido tiene negarnos a admitir una verdad inobjetable como esta? Este es un truco sencillo pero difícil de aplicar porque hemos crecido en una cultura que ve la fragilidad como algo negativo. Pero como tú quieres crecer, me permito darte este consejo: pide ayuda. No temas pedir ayuda, tampoco darla. Quien haya ayudado a alguien más estará de acuerdo conmigo en las increíbles sensaciones que siguieron al momento de ofrecer nuestra mano amiga.

21.   Cuestiona tus propias opiniones: poner sobre la mesa lo que pensamos, opinamos o hacemos es una señal de honestidad intelectual. No solo representa el punto más alto de humildad (al aceptar que existe la posibilidad de cometer errores), sino que le envía un mensaje a nuestra mente subconsciente. En la actualidad es fácil caer en una dinámica equivocada. Sucede

mucho con personas que ostentan cargos de poder, pues cada opinión que emita será reforzada tanto por sí mismo como por los subalternos si estos no se atreven a poner "peros". Si bien es cierto que abandonar esa burbuja de seguridad es un gran desafío, tienes la responsabilidad de hacerlo.

¿Cuál es la relación entre cuestionarnos y la inteligencia emocional? Que te permites evaluar con objetividad lo que otros dicen. En líneas generales, aprenderás a ser más receptivo/a con las nuevas ideas.

22. Practica la meditación: no en vano dediqué un capítulo entero al Mindfulness o atención plena. Este es un truco infalible para todas aquellas personas que están interesadas en manejar de mejor forma sus emociones. Es la única opción si realmente quieres crecer, tanto en lo personal como en lo profesional. Cualquier otro camino que no sea el de la inteligencia emocional te proporciona-

rá sensaciones de irritación, molestia, impotencia e incluso tristeza. Dedica unos pocos minutos cada día a cerrar los ojos, sentarte en un lugar cómodo y desprenderte de las preocupaciones que amenazan tu salud psíquica. La meditación es una técnica ancestral, milenaria, que pese a sus lejanos orígenes se mantiene más vigente que nunca. Esta no solo te ayuda a darle un respiro a tu mente, también es un ejercicio de utilidad para reencontrarte con tus motivaciones y expectativas. La línea perfecta de la reconexión contigo mismo.

23.   Lee libros sobre el tema: ¿quieres aprender cientos de técnicas para fortalecer tu inteligencia emocional? Oriéntate a ello. Por fortuna la literatura de crecimiento personal ha funcionado como catalizador para quienes nos mostramos genuinamente interesados en el tema. El propio Daniel Goleman, quien ha ganado fama internacional desde que acuñase el término, se ha dedi-

cado a difundir ampliamente todo lo relacionado al tema. En la actualidad es posible encontrar libros sobre inteligencia emocional con distintos enfoques, y de parte de autores que han dedicado infinidad de recursos y tiempos a estudiar los increíbles efectos que esta aporta en nuestra vida. La inteligencia emocional puede ser aplicada para la educación, para los niños, para los negocios, para mejorar nuestras decisiones e incluso para optimizar nuestras actitudes frente a los acontecimientos adversos. Lo importante es tomar algo de tiempo e invertirlo en tu formación. Los resultados se apreciarán rápidamente. Daniel Goleman, Elías Maurice, Laurence Shapiro y Danny Penman son autores de culto, citados a lo largo de este libro, pero la lista de pensadores de la inteligencia emocional va mucho más allá. Atrévete.

24.   Inscríbete en talleres, simposios o conversatorios: la diferencia entre las personas exito-

sas y aquellos que no han conseguido alcanzar sus metas reside
en la actitud. Actitud ante la vida, desde luego, pero también
ante sus necesidades individuales. Quienes hoy están interesados en desarrollar inteligencia
emocional cuentan con un sinfín
de alternativas que no existían
hace dos o tres décadas atrás.
Independientemente de la ciudad
en que te encuentres, encontrarás buenas opciones para aprender de una forma didáctica y con
formatos concisos todo lo concerniente a la inteligencia emocional. Basta que hagas una búsqueda rápida en la red y conse-
guirás buenas alternativas: conversatorios, simposios, talleres,
conferencias, clubes de opinión y
lectura especializada. Todas estas son formas para aprender, de
la mano de líderes y oradores
experimentados, lo que necesitas
para mejorar tu vida desde y a
través de la inteligencia emocional. En lo personal participar en
este tipo de dinámicas me fue de

gran ayuda para darle una forma mucho más clara a los conocimientos adquiridos a través de la literatura especializada. Además... ¡la pasarás increíble!

25. Conoce tu pasado, pero no vivas en él: la realidad nos enfrenta constantemente con circunstancias para las que, en teoría, no estamos preparados. Una experiencia traumática que tuvo lugar en el pasado puede repercutir significativamente en nosotros, en nuestras siguientes decisiones y acciones. Esto sucede porque la mente subconsciente construye anclas con eventos que tuvieron un impacto emocional profundo en nosotros. Y, como es bien sabido, esta parte de nuestra mente está preparada por la evolución para salvaguardarnos, garantizar nuestra supervivencia. ¿Qué es lo que sucede, entonces, en las profundidades de nuestra mente? Que nos apegamos a experiencias pasadas para no tomar decisiones a priori arriesgadas. "No haré esto porque, en el pa-

sado, sufrí por decisiones pareci-
das". Este es el mensaje que nos
da nuestra mente subconsciente.
Como una persona emocionalmente inteligente, sabrás que el
pasado no es más que pasado,
oportunidad de aprender pero no
una excusa para dejar de actuar,
de perseguir tus metas. Toma el
pasado como un maestro que te
enseñó muchas cosas y no como
un látigo al que le temes.

26. Deshazte de la "queja fácil": nos quejamos muy frecuen-
temente porque estamos apega-
dos a la idea de que el mundo
conspira para dificultarnos las cosas. Pero la verdad es que todo
lo que sucede en tu vida es el resultado de tus acciones, de tus
decisiones y de la mentalidad que
implementes en cada uno de tus
movimientos. Quejarse implica
entrar en un papel de víctima. Y
esto no es opción para alguien
que se considere emocionalmente inteligente. Rara vez pasa, y
cuando sucede, es probable que
haya razones de peso para que

haya optado por quejarse. En líneas generales: la queja gratuita, constante, más que ayudarte, obstruye tu crecimiento, devolviéndole el poder de tu vida a la emocionalidad. Recuerda que, como lo proponen los postulados de inteligencia emocional, debes actuar *racionalmente* incluso si estás en una situación de mucho estrés. Con el tiempo, esta forma de actuar se convierte en un automatismo en tu mente, pero es fundamental deshacernos de viejos hábitos para alcanzar nuestra mejor versión.

27.   Sé realista: las expectativas irreales funcionan como un inmenso bloque de hormigón en tu camino. No compres el mito de que si aspiras a algo grande, esto se dará sí o sí. Debes evaluar tus probabilidades, analizar tus capacidades individuales y determinar metas que te sean "alcanzables". Esto no significa, de ningún modo, que te limites a pequeños objetivos o metas intrascendentales. Todo lo contrario, es una

forma de aceptar que todo lo que alcances a partir de ahora no es más que un puerto en el que llenar tu tanque de gasolina para fijarte nuevas metas. Si, por el contrario, desde un principio te trazas un norte inalcanzable, en el camino perderás motivación, ganas, y terminarás por arrojar la toalla. Lo que menos quiero es que te desmotives por encontrarte de frente con circunstancias teóricamente insuperables. Para ello, utiliza la planificación, tu mente racional, y construye escenarios idóneos donde vencer sea una posibilidad concreta y no un juego de abstracciones que se desdibujan con cada paso.

28.   Prepárate para salir de tu zona de confort: si algo caracteriza a las personas emocionalmente inteligentes es que son conscientes de que la zona de confort no es un lugar en el que pasar toda la vida. Aceptan, siempre desde la humildad y la compasión, que afuera de la zona de comodidad hay un sinfín de

nuevas oportunidades, nuevos retos y metas que concretar. Si por el contrario te limitas toda tu vida a seguir las líneas de algo que ya conoces lo suficientemente bien, no llegarás a ningún lado. Terminarás encerrado en una habitación de por vida, existiendo afuera todo un conjunto de nuevas metas que alcanzar. En la actualidad es fácil caer en la dinámica de la comodidad; nos aferramos a lo conocido por miedo a fracasar en nuevos caminos, en actividades hasta entonces insospechadas. Pero, ¿cuál es el destino de quienes se aferran, como a clavos ardientes, a la comodidad? No aprenderán nuevas cosas. Esta es una realidad incuestionable. Por ende, todos los expertos y gurús del crecimiento personal enzarzan la idea del reto. Desafiarnos a sabiendas de que, si lo hacemos, no todo será color de rosa, pero aprenderemos muchas más cosas y formas de ver el mundo.

29.   Evalúate   objetivamente:
¿qué significa evaluarnos objetivamente? Responder a esta pregunta supone, antes, responder a
otra interrogante estrechamente
vinculada: ¿eres lo suficientemente honesto contigo mismo?
O, por el contrario, ¿necesitas
mejorar tu diálogo interno? La
honestidad es esa capacidad de
responder de forma sincera y clara, aunque las respuestas no nos
favorezcan. El truco de la autoevaluación es una herramienta
para la inteligencia emocional
porque fomenta un diálogo interno equilibrado, que se base en
la exigencia y en la compasión.
¿Cometiste muchos errores en el
pasado? Si la respuesta es sí,
permítete expresarlo con total
naturalidad. Y es que todos los
seres humanos nos equivocamos,
muchas veces, en el transcurso
de la vida. Pero cuando somos
sinceros con nosotros mismos
podemos evaluar nuestra situación desde la más absoluta objetividad. Sin sesgos, sin prejui-

cios, sin juicios de valor, sin culpas. Entender esto es entender que todo cuanto hacemos (con las emociones implícitas) forma parte de un proceso de aprendizaje.

30.   Mírate, estudia tus comportamientos: ¿qué hace que una persona reaccione siempre de la misma manera ante situaciones de estrés? Hace mucho tiempo conocí a una amiga que, cuando se sentía apabullada por la rabia, el estrés o cualquier otra emoción negativa, distribuía improperios por doquier. Acercarse a ella para plantearle cualquier posible solución era similar a adentrarnos en un campo repleto de minas. Su volatilidad la llevó a perder muchas oportunidades profesionales que la habrían acercado, mucho antes, a la consecución de sus objetivos. En cambio, estos comportamientos *desde* la visceralidad fracturaron su camino por un tiempo. Finalmente, al entender que las emociones *forman parte del camino*, y tras un arduo

trabajo de adaptación, retomó el control de su vida. Nunca más volvió a encarar situaciones de estrés de forma reaccionaria, errática o disfuncional. Con el paso del tiempo, y aunque en caminos separados, tanto ella como yo nos transformamos en verdaderos expertos y promotores de las muchas bondades de la inteligencia emocional.

Capítulo 9
Preguntas frecuentes

Si he tomado la decisión de incluir un capítulo entero para las preguntas frecuentes es porque tengo la idea de que todo proceso de aprendizaje requiere, en suma, concretar sus ideas a través de resúmenes concretos y palpables. A lo largo de los ocho capítulos previos hemos atravesado un sinfín de conceptos, reflexiones y sugerencias relacionadas a la inteligencia emocional. De manera que, a esta altura, lo que quiero es ofrecerte algunas pautas precisas para consolidar el cúmulo de conocimientos que has adquirido en todas las páginas anteriores. Nos pasó mucho de niños que, al término de una clase, a pesar de la sensación de haber entendido el tema tratado, se nos presentaban algunas dudas específicas. Nos pasó de niños y nos sigue pasando en la etapa adulta. Esto no quiere decir, de ningún modo, que los conocimientos adquiridos carezcan de una base sólida, o que realmente no hemos aprendido nada.

Este es un proceso de transformación que, como la vida misma, tiene muchas tonalidades. No te lo voy a negar; he conocido a muchas personas con una pasmosa facilidad para aprender cosas nuevas, otras a las que les cuesta horrores y, en última instancia (y aquí la lista está compuesta por la inmensa mayoría porcentual de las personas), aquellos que aunque captaron parte significativa del mensaje, aún conservan dudas considerables sobre los temas conversados. En síntesis, he recopilado en este capítulo las preguntas más frecuentes sobre la inteligencia emocional. Estas son dudas que se repiten constantemente a la salida de simposios, conversatorios, conferencias e incluso después de haber leído un libro muy didáctico y de fácil comprensión. Es comprensible, si lo analizas, pues le das a tu cerebro un cúmulo de información totalmente nueva que tendrá que asimilar de acuerdo a sus capacidades y a la determinación con que quieras dominar el tema. Las preguntas (y respuestas) que hallarás en lo sucesivo son el resultado de años de estudio y difusión de este tema. Tanto en lo personal como en la experiencia de otras personas, esta es la lista de preguntas frecuentes que resolveremos, juntos, antes de darle el punto final al último tramo de este proyecto.

Domina tus emociones y construye relaciones más felices

No te sientas mal al albergar esta preocupación en tu fuero interno. Todos sentimos en nuestro interior el fuego vivo de las relaciones sociales. El porcentaje de personas a las que "les da igual" cómo se dan sus relaciones interpersonales es insignificante (estadísticamente hablando, por supuesto). Lo que ellos no saben es que resulta absolutamente ineludible la preocupación por *lo social*. De manera que si conoces a alguien que vive al margen de los convencionalismos sociales con el argumento de que "no le importa", es probable que en su estructura mental converjan otros asuntos para los que no tenemos autoridad de indagar. En todo caso, si eres del amplio grupo de individuos que quieren tener relaciones interpersonales más felices, más saludables, déjame decirte que puedes lograrlo con la ayuda de la inteligencia emocional. Aunque intuyo que, a estas alturas, ya lo sabes de sobra.

El éxito de tus relaciones está atado a la gestión de tus emociones. Por ejemplo, si eres reaccionario y el estrés te domina como un titiritero a su títere, las probabilidades de que encajes bien en un grupo social son ínfimas, anodinas. Tal como se abordó en el séptimo capítulo (Habilidades de la inteligencia emocional en distintos ámbitos), es prácticamente imposible tener una vida social funcional si somos incapaces de actuar/responder siendo conscientes de nuestras emociones. Al hacerlo, vence el raciocinio a la visceralidad, lo cual siempre será un atributo determinante en el hecho social.

La emoción más común, hoy día, es la ansiedad. Las personas emocionalmente inteligentes se hacen responsables de sí mismos, cuidan de sí, impidiendo que esta emoción tan corrosiva termine obstruyendo su crecimiento personal. De acuerdo a Gio Zarrari en reflexión extraída de su libro El fin de la ansiedad:

> La vida no cambia si tú no cambias, está demostrado; el mundo no es malo ni bueno, sino como desees apreciarlo tú.

Solo tú tienes la capacidad para cambiar tu realidad, y existe un único modo posible: actuar. Contra la ansiedad, como ante cualquier otra dificultad de la vida, la única manera de no dar palos de ciego es afrontarla reconociendo que eres tú y no el mundo quien superará el problema. Esperar, evitar o creer en pociones mágicas no te servirá de nada. En cuanto te decidas y utilices esa fuerza que llevas dentro, todo, incluso la intensidad de tus síntomas, empezará a cambiar.

En lo sucesivo, mejorar nuestras relaciones interpersonales nos llevará a alcanzar el éxito en distintos ámbitos como el profesional, el académico o el laboral. Incluso en escenarios románticos, la clave se encuentra en la gestión de tu emocionalidad. De allí la importancia de fijar respuestas claras ante las siguientes preguntas, que más que frecuentes son medulares en el proceso de aprendizaje que estás por concluir.

11 preguntas frecuentes sobre la inteligencia emocional

1. ¿Qué es la inteligencia emocional?

   Uno de los libros más importantes que he leído (en el mundo de la superación personal) es Auto-boicot, de Bernardo Starmateas. En este libro el autor nos sumerge en el increíble mundo de los obstáculos imaginados, esos que construimos de forma voluntaria para obstruir el ascenso al éxito. La siguiente reflexión proviene de este libro:

> La madurez emocional no llega por sí sola de un día para el otro, no es ocasional, sino que necesita de un trabajo de estima personal y continua. Los seres humanos somos como vasijas de barro, vasijas que necesitamos ir moldeando, rehaciendo, hasta encontrar aquel formato que se identifica mejor con nuestro ser. Pero sucede que en todo ese proceso de formación, la vasija tiene grietas, grietas que son necesarias para que por ellas desechemos toda la desvalorización y aquellas heridas emocionales que no nos permiten ser esas personas grandiosas que en realidad somos.

Madurez emocional es una expresión clave para entender qué es la inteligencia emocional. En cuanto a su definición más académica, esta se define como la capacidad de ser consciente, controlar y expresar las propias emociones, y de manejar las relaciones interpersonales con sensatez y empatía. Me gustaría añadir un elemento a esta definición bastante acertada. La inteligencia emocional también sirve para controlar las emociones ajenas, ayudándoles a discernir entre su enorme paleta de emociones para tomar mejores decisiones, aún a sabiendas de que es imposible huir de esta emocionalidad innata en el ser humano.

2. ¿Cuál es la principal diferencia entre inteligencia emocional e inteligencia regular?

La sociedad ya tiene preconcebida una idea más o menos clara de lo que significa la inteligencia regular, utilizando para su medición algunas pruebas y test que nos permiten un acercamiento bastante seguro de las cualidades intelectuales de un individuo. Por otro lado, la inteligencia emocional es, tal como se refirió en la pregunta anterior, la habilidad de ser conscientes de nuestras emociones, evitando así que estas se apoderen de nuestras decisiones y emociones. Las consecuencias que tiene que soportar una persona que carece de esta segunda inteligencia son abrumadoras. En pocos casos alcanzan el éxito, pues no aprenden de sus errores; en otros, nunca alcanzan puestos de relevancia en las empresas porque no toman riesgos partiendo de sus condicionamientos del pasado. Tienen tanto miedo de repetir las sensaciones de errores pasados que optan por aferrarse a la zona de comodidad. Y, como dicen por ahí, el que no arriesga no gana.

Mientras que la inteligencia regular nos ayuda a destacarnos en habilidades y destrezas técnicas (tan importantes para el cumplimiento de un oficio o de una profesión), la inteligencia emocional nos ayuda a lidiar con la portentosa carga emocional de las circunstancias propias de la vida. Si alguien es bueno en su trabajo (en la construcción de edificios, por ejemplo), no llegará muy lejos si carece de la inteligencia para sobreponerse a las adversidades y desafíos inherentes al cumplimiento de su deber. Esta es la diferencia (y un aspecto-complemento) entre inteligencia regular e inteligencia emocional.

3. ¿Es realmente efectiva la inteligencia emocional para tener éxito?

Puede ayudarte a tener éxito con una efectividad más que increíble, indescifrable. En la medida en que optimices atributos como la empatía, tendrás una capacidad más amplia para trabajar con éxito en equipo, para entender tus emociones sin que estas te sofoquen. Si tomamos como base el hecho de que vivir, hoy, conlleva un gran nivel de estrés, ¿qué mejor manera de ir superando obstáculos que a través de la gestión inteligente de tus emociones? Mientras que los demás se enfocarán en luchar a rabia por tener la razón, tú analizarás la situación con objetividad, permitiéndote ceder la razón a quien la tiene si así lo crees necesario. Esto alivia tensiones en las relaciones interpersonales, laborales, profesionales e intelectuales.

4. ¿Por qué se habla de "emociones" en el contexto de los negocios?

La respuesta es tan sencilla como increíble. El escenario es lo de menos, querido lector. Puede que estemos hablando de la discusión entre intelectuales de Estocolmo para definir al próximo Premio Nobel de Medicina, de las estrategias de Mercadotecnia que ejecutará Coca-Cola en las próximas navidades, del plan de acción de McDonald's para recuperarse de las pérdidas económicas por la pandemia global que hoy asola a la humanidad o de la negociación inmobiliaria entre un profesor universitario y el dueño de la casa en venta. El escenario es lo de menos cuando los actores que le dan vida son personas. Personas como tú y como yo que, en efecto, sienten rabia, emoción, tristeza, alegría, miedo o impotencia.

Los autores de la literatura de crecimiento personal, sobre todo aquellos que difunden lo concerniente a la inteligencia emocional, no parten de la actividad sino de sus actores. Se habla de emociones en los negocios porque las partes involucradas sienten. Donde hay emociones existe la necesidad de manejarlas con inteligencia, raciocinio y asertividad. A partir de ahora, cuando te prepares para una reunión o para finiquitar los detalles de una compra, has de tener en cuenta a quienes tienes en frente. ¿Son personas reaccionarias? ¿Se caracterizan por partir de la empatía para luego actuar? Conocer estos detalles te será de gran ayuda para construir un contexto en el que las emociones estén supeditadas al raciocinio. De allí la importancia de fijarnos en las personas y no en el contexto en el que estas se encuentren.

5. ¿Afecta la inteligencia emocional el desempeño laboral?

Sin lugar a dudas, quien domina sus emociones tiene varios pasos adelante en un contexto laboral. Daniel Goleman, figura de autoridad en lo concerniente a este novedoso concepto, nos dice en su libro Inteligencia emocional en el trabajo:

> La inteligencia emocional proporciona el fundamento para el desarrollo de un amplio número de competencias que ayudan a las personas a actuar con mayor eficacia. Por ejemplo, los directivos que poseen un elevado nivel de lo que Salovey y Mayer (1990) consideraban como IE, no serán necesariamente más eficaces que otros directivos a la hora de lidiar con los conflictos entre sus empleados. No obstante, serán capaces de aprender y utilizar técnicas de resolución de conflictos con mayor rapidez que los individuos que aporten menos IE al trabajo. Esta formulación reciente ayuda en la clarificación de la relación que existe entre las tres definiciones de IE que se utilizan con más frecuencia en ese terreno.

¿De qué manera afecta, pues, la Inteligencia emocional en el desempeño laboral? Favoreciendo las condiciones psíquicas y mentales para que creemos nuevas competencias asociadas a la labor que estamos desempeñando. Si, por ejemplo, tienes un cargo de alto nivel en una organización, y supervisas personal, indudablemente aprenderás a manejar a tus colaboradores a través de la empatía, la comprensión, la orientación a los resultados y la exigencia. En el camino, utilizarás formas adecuadas porque habrás interpretado correctamente los cuadros emocionales de cada uno de ellos. En líneas generales, este novedoso concepto puede ser aplicado como instrumento de crecimiento (personal) tanto como para potenciar a tus equipos supervisados o a compañeros de trabajo.

6. ¿La inteligencia emocional es genética o puede aprenderse?
La inteligencia emocional es un enfoque, un estilo de vida. Como

tal, no se adquiere por caminos genéticos. Tomemos como ejemplo a una persona que está habituada a leer. Para este individuo, el hábito de la lectura fue construido desde la repetición hasta que leer se convirtió en una acción automática que tiene su razón de ser en la mente subconsciente. ¿Sabes qué es un hábito? Es una conducta aprendida desde la repetición. Cerca del 85% de los comportamientos y conductas en tu vida fueron adquiridos/aprendidos desde tu infancia más elemental. Desde lavarte los dientes justo después de comer hasta dar gracias al Universo cada noche antes de irte a dormir.

Aunque la inteligencia emocional no es un hábito por sí misma, es un conjunto de competencias y conductas que fomentan el manejo consciente de la emocionalidad desde un enfoque racional. Además, todos los trucos para construirla provienen de hábitos o pequeñas acciones que, repetidas de forma sistemática, se constituirán en una conexión neuronal. Con cada repetición, la conexión se consolida. Si durante un periodo de tiempo sigues al pie de la letra todas las recomendaciones y trucos enseñados en el capítulo anterior, generarás decenas de conexiones neuronales orientadas a la adecuada gestión de tus emociones. La gratitud, la empatía, la escucha activa, la autoobservación, la compasión, estas son prácticas del día a día que, con la práctica, se harán hábitos.

7. ¿La inteligencia emocional está al alcance de todos o de algunos pocos virtuosos?

Respuesta rápida: sí. No importa si eres el presidente de los Estados Unidos de Norteamérica o un joven que recién empieza a estudiar Economía. En cuanto un ser humano sienta, puede ser consciente de sus emociones. Por otro lado, también es menester decir que algunas personas son más propensas a "entender" con mayor facilidad determinados temas mientras que a otros les cuesta implementar cambios en sus formas de ver el mundo, en sus sistemas de creencias. Sin embargo, la resistencia al cambio es un elemento a tener en cuenta con independencia de la inteligencia regular de las personas. La historia de la humanidad nos ha provisto de miles de casos en los que portentosos pensadores eran prácticamente incapaces de adaptarse a los nuevos tiempos, a la tecnología, e incluso a modificar su opinión tras haber tomado decisiones partidistas a todas luces equivocadas.

La respuesta a esta pregunta se responde teniendo en consideración lo conversado en la segunda pregunta de esta lista (¿Cuál es la principal diferencia entre inteligencia emocional e inteligencia regular?). La inteligencia emocional es una habilidad que puede ser desarrollada por todos, al margen de su inteligencia regular. Siempre que tengas la determinación y el interés en mejorar tus relaciones interpersonales, en dominar tus emociones, tienes el derecho y la responsabilidad de gestionar tus emociones de forma consciente y, así, crecer a niveles insospechados. Ha quedado demostrado. La efectividad de este concepto no está sujeto a interpretaciones de ningún tipo.

8. ¿Cómo "luce" la inteligencia emocional?

Esta es una pregunta que he escuchado cientos de veces, tanto en conferencias como en actividades orientadas a brindar un acercamiento lógico al tema de la inteligencia emocional. ¿Es posible identificar, a primera vista, si alguien es emocionalmente inteligente? Responder esta interrogante es meternos en un camino repleto de subjetividades, pero en líneas generales sí es posible. Esto no significa que una persona consciente de sus emociones sea más alta, luzca un color de cabello determinado o tenga ojos más grandes. Los indicadores son conductuales, no físicos. Por ejemplo, una persona que ha desarrollado inteligencia emocional no reacciona de inmediato cuando surge algún inconveniente que suponga carga emocional negativa. Se toma un instante, reflexiona y, en lo sucesivo, actúa. Lo común es que reaccionemos inmediatamente al sentirnos estresados, molestos. Pero este no es el caso de alguien emocionalmente inteligente.

Otras características conductuales propias de estas personas son:

- ✓ Se protegen del sabotaje emocional.
- ✓ Se muestran auténtico indistintamente del contexto.
- ✓ Saben sacar provecho de las críticas, potenciando sus "oportunidades de mejora".
- ✓ Se esfuerzan por controlar sus emociones y sentimientos.
- ✓ Se muestran agradecidos por la retroalimentación.

163

- ✓ Cumplen sus valores sin condición alguna.
- ✓ Siempre actúan desde la empatía.
- ✓ Escuchan con atención cuando alguien les habla.
- ✓ Son capaces de transmitir ideas de forma clara y concisa.
- ✓ No se limitan en alabar las buenas actitudes de los demás.
- ✓ Siempre hacen comentarios útiles que ayuden a los demás a crecer y potenciarse.
- ✓ Ayudan a quienes le rodean.
- ✓ Llevan la compasión por bandera.
- ✓ Utilizan un lenguaje equilibrado, lo que implica no herir ni ofender a los demás.

9. ¿Cómo puedo mejorar mi inteligencia emocional?

Lo primero que debo decirte es que aprecio y agradezco el esfuerzo que haces al introducir en tu rutina la lectura de este tipo de libros, pues es un primer gran paso para hacerte consciente de tus emociones y actuar siempre desde el raciocinio. A lo largo de los ocho capítulos previos te he dado algunas pautas relacionadas a esta pregunta. Pero, para dirimir cualquier duda al respecto, estas son algunas de las recomendaciones generalizadas que te llevarán a optimizar la gestión de tus emociones:

✓ Reduce la velocidad: no reacciones de inmediato. Incluso las personas más tolerantes tienden a cometer errores cuando actúan con la mente saturada de emociones negativas. No importa cuán resistente seas, si estás estresado, triste, irritado o desesperanzado, esto se notará en tu accionar inmediato. Un consejo muy útil es que reduzcas la velocidad. ¿Cómo? En el siguiente ítem te explico.

✓ La regla del minuto de silencio: desde que descubrí la utilidad del minuto de silencio lo utilizo cada vez que la situación se torna desafiante. ¿Tienes que entregar un informe al final de la tarde y aún te falta? Esto es más que estresante, te entiendo. Pero, ¿qué tal si te tomas un minuto de autoevaluación y atención plena? Solo 60 segundos, ni más ni menos. Durante esos 60 segundos concéntrate en el problema *desde la solución*. ¿Cómo me gustaría reaccionar? ¿De qué manera el estrés está afectando mi desempeño? La autoevaluación nos sacará de apuros siempre que acudamos a ella.

✓ Encuentra el lado bueno de todas las situaciones: ¿cometiste un error en el informe? Sí, claro que es una situación difícil, pero, ¿puedes aprender algo de

esto? En futuras oportunidades, ¿cometerás el mis-
mo error o estarás más
atento? Si bien es cierto
que una situación puede no
ser reversible, sí que es útil
como aprendizaje. De ma-
nera que, incluso el peor de
los errores, tiene un lado
bueno: te enseña.

10. ¿Cuáles son los errores que
una persona sin inteligencia
emocional comete con más frecuencia?

Existen algunos errores más o
menos comunes y extendidos entre aquellas personas que carecen del dominio de sus emociones. Todos provienen del mismo
error: no ser conscientes de las
emociones que nos embargan.
Ahora bien, ¿quieres reconocer a
primera vista a alguien que no ha
desarrollado esta inteligencia? Fíjate si hace lo siguiente:

- ✓ Emite juicios de valor constantemente.
- ✓ Hace comentarios hirientes
  en situaciones de estrés.

- ✓ Se torna ofensiva y peyorativa cuando las cosas no salen como las espera.
- ✓ No le importan las razones que exponen los demás porque está ensimismada con su argumento.
- ✓ A menudo es ingrata.
- ✓ Las habilidades comunicativas no son su fuerte.
- ✓ Se aferran siempre a su zona de confort.
- ✓ Alzan la voz cuando se sienten amenazados.
- ✓ No escuchan con atención en las reuniones.
- ✓ Se aíslan cuando les golpea la tristeza, la desesperanza o la angustia.
- ✓ Guardan rencores.
- ✓ Viven en el pasado; les cuesta desprenderse de los errores cometidos días atrás.

Capítulo 6
Inteligencia emocional en distintos ámbitos

El protagonismo que la inteligencia emocional ha ganado a lo largo de las últimas décadas tiene una explicación bastante sencilla: es comprobable. A diferencia de otros "estilos de vida" o "enfoques formativos" que se basan en aspectos más subjetivos que prácticos, la inteligencia emocional es el resultado de años de estudio y preparación por parte de profesionales de gran relevancia desde el punto de vista académico. Construir inteligencia emocional va mucho más allá de no reaccionar erráticamente cuando por alguna razón estamos en un estadio emocional fuerte como la rabia, el estrés o el miedo. Es aceptar que, como seres emocionales, siempre estaremos expuestos a sentir. Partiendo de esta premisa, ¿cómo sacarle provecho al conocimiento adquirido mediante el estudio concienzudo de este concepto que cambió por completo nuestra forma de entender la inteligencia?

Este capítulo va dirigido a todos esos lectores que tienen la necesidad de poner en práctica (siempre con las mejores expectativas posibles) lo aprendido durante los primeros 5 capítulos del libro. En este sentido, y atendiendo a la necesidad tantas veces manifestada, he estructurado esta parte en dos grandes bloques. Dos ámbitos neurálgicos que redondean parte importante de lo que es la vida diaria.

Por un lado, la inteligencia emocional en el trabajo: en este primer segmento te daré algunas reflexiones y recomendaciones que te serán de una utilidad inclasificable. Una vez más me siento con el compromiso de trasladar a estos párrafos un buen porcentaje de lo que han sido mis años de trayectoria en este increíble mundo. ¿Cuál es la importancia de manejar nuestras emociones en el ámbito laboral? ¿Cuáles son los obstáculos que impiden que desarrollemos el control emocional adecuado? Y, en última instancia, ¿qué tácticas o acciones puede llevar a cabo quien esté interesado para sacar todo el jugo posible de su inteligencia emocional en lo concerniente a la actividad profesional?

Adele B. Lynn, autora especializada en el estudio y divulgación de la inteligencia emocional, nos dice lo siguiente:

> El entorno laboral ya no tiene por qué seguir estando en la oscuridad en relación a los factores que conducen al rendimiento excelente. Los más de 25 años de investigación en el campo neurológico y los estudios específicos centrados en los factores que contribuyen al éxito en el trabajo han permitido un salto cualitativo importante respecto al conocimiento de la inteligencia humana. La información cuantificable sobre el rendimiento en infinidad de sectores y organizaciones es hoy un cuerpo de estudio denominado inteligencia emocional.

> Estos años de estudio han identificado y dado nombre a los "intangibles" que predicen el éxito en el trabajo. La inteligencia emocional explica el porqué, a pesar de tener la misma capacidad intelectual, formación o experiencia, algunas personas destacan mientras que otras del mismo calibre intelectual se quedan rezagadas.

Todos estos temas serán tratados con mayor profundidad en un capítulo que contiene las claves medulares para transformar tu realidad, indistintamente de tu situación actual o de las vicisi-tudes externas a las que te hayas en-frentado con anterioridad.

El segundo y último subcapítulo, Inteli-gencia emocional en la casa, siguiendo el mismo patrón, contiene algunas cla-ves de gran importancia para sanar esas relaciones con tus familiares, se-res queridos y pareja sentimental. ¿Has caído en una relación disfuncional? ¿Sientes que no hay marcha atrás en el trato con tus padres? ¿La relación con tus hermanos está construida sobre improperios, asignación de culpas y resentimientos? Al margen de cualquier otra recomendación, la primera suge-rencia que te hago es que te trates con compasión. No tenemos la posibilidad de escoger a nuestros familiares, pero si somos perfectamente capaces de sa-near nuestra relación con ellos. No te culpes; es probable que no hayas teni-do nada que ver con la forma en que se dieron las cosas. No obstante, ahora tienes la responsabilidad y el compro-miso de sentar las bases para una rela-ción más funcional, saludable y feliz.

Te hablo desde la seguridad que ha provisto la experiencia en el campo.

¿Quieres ser un trabajador, un empresario, un emprendedor exitoso? La inteligencia emocional es el camino. ¿Quieres consolidar relaciones interpersonales más felices y plenas? La inteligencia emocional es el camino. Continúa leyendo y sabrás de qué te hablo.

Inteligencia emocional en el trabajo

Ahora sabes que la inteligencia *técnica* por sí sola es insuficiente para tener una vida profesional exitosa. Visto en retrospectiva, me parece increíble que hayamos tardado tanto en tipificar la relevancia de lo emocional en el mundo profesional o laboral. ¿Te has preguntado alguna vez por qué a algunas personas les cuesta tanto crecer en la estructura jerárquica de una empresa? ¿Cómo es posible que José, que tanto se esfuerza y que conoce de cabo a rabo todos los recovecos de su trabajo, no ha conseguido un ascenso en los últimos dos años? ¿O es que hace falta saber algo más que lo que nos dictan los manuales de descripción de cargo?

La respuesta es un rotundo ¡Sí! Las capacidades técnicas de un colaborador son bien valoradas, esto es algo que todos más o menos lo intuyen, pero, ¿está debidamente capacitado para tomar cargos superiores (donde gestionará el trabajo de un grupo de trabajo y tomará decisiones de mayor nivel) en la escala jerárquica? Los departamentos de Recursos Humanos están cada vez más alineados con el concepto de inteligencia emocional. Hace algunos años tuve la oportunidad de entrevistar a un psicólogo encargado del reclutamiento y captación de talento para una empresa tecnológica. Mi idea con la entrevista era saber hasta qué punto están involucrados los profesionales de Recursos Humanos en la inteligencia emocional. Me sorprendió gratamente saber que la gestión emocional es una competencia *indispensable* en la mayoría de empresas, indistintamente del rubro o de la unidad de negocio a la que se dediquen.

¿Ser emocionalmente inteligente hace la diferencia en un ambiente de trabajo? Esa fue una de las preguntas que le hice a aquel amable psicólogo. Respondió que la globalización ha provisto de equipos interculturales en mayor grado que en décadas anteriores. Este es el escenario en el que se valora la inteligencia emocional como una herramienta transversal a las habilidades técnicas.

Las palabras medulares de este revolucionario concepto son: comprensión, gestión, expresión, comunicación y empatía. Bases innegociables en todo proceso de comunicación efectiva. Comprender las emociones del otro, consolidar relaciones saludables y a partir de allí resolver complejas operaciones profesionales bajo la presión más fuerte que se pueda imaginar... reduciendo al mínimo la posibilidad de que alguien colapse ante el estrés o la rabia.

5 usos que debes darle a tu inteligencia emocional en el trabajo

Uso #1: En el liderazgo.

¿Por qué para un líder es fundamental tener inteligencia emocional? ¿En qué sentido este enfoque marca la diferencia en relación a sus otros colegas? Los tiempos han cambiado, y con ello, las necesidades empresariales. Antes, para ocupar cargos de gran relevancia estratégica (vicepresidentes, gerentes, líderes) era menester que los candidatos cumplieran ciertas especificaciones técnicas, principalmente desde el punto de vista académico. En la actualidad, la forma en que se comprende el éxito ha cambiado de forma significativa. Las empresas se enfrentan a escenarios cada vez más complejos, lo que supone un verdadero desafío para quien tiene en sus manos las riendas de todo un departamento.

Los nuevos retos exigen líderes que sean capaces de mantener la compostura en escenarios de mayor complejidad. Mantener la compostura, asimismo, significa no dejarse llevar por las emociones del momento y tomar decisiones creativas basadas en el conocimiento racional.

Uso #2: En las reuniones de trabajo.

Las reuniones de trabajo son por sí mismas escenarios idóneos para practicar la inteligencia emocional. Seguramente has estado en muchas reuniones de este tipo. Si es así, estoy convencido de que has pasado momentos difíciles, momentos en que los integrantes no conseguían ponerse de acuerdo sobre determinada acción. Y es que en cualquier lugar en el que participen dos o más personas (interacción), donde se exponen distintos puntos de vista, distintas formas de afrontar una determinada problemática, es caldo de cultivo para conflictos, desencuentros e impases. La buena noticia es que, así como una reunión puede tornarse volátil, también es el momento exacto para demostrar que eres emocionalmente inteligente.

No dejas que las emociones se apoderen de ti; manifiesta siempre una opinión ecuánime y racional; ponte en los zapatos de tus compañeros y evita, a toda costa, expresar comentarios que puedan resultar hirientes u ofensivos.

Uso #3: Después de recibir feedback:

Como colaborador, siempre estamos en continuo contacto con supervisores, gerentes o vicepresidentes. No hay un momento del día en que no estamos siendo evaluados, por la razón que fuere, para posteriores conclusiones. El momento en que un supervisor se reúne contigo para darte retroalimentación de tu desempeño es un punto de inflexión importante. Algunos no se toman de buena manera los comentarios críticos; otros lo toman como la plataforma para perfeccionar sus destrezas. Las retroalimentaciones son el escenario más idóneo para practicar la inteligencia emocional. ¿Has recibido críticas? ¿O fueron comentarios constructivos? Estos son momentos en los que habilidades como el optimismo y la tolerancia adquieren especial importancia. Y, ¡adivina!, solo quienes son emocionalmente inteligentes aprovechan el *feedback* para crecer.

Uso #4: En una entrevista de trabajo.

Muchas personas se dejan vencer por las sensaciones de ser "estudiado" por un psicólogo de recursos humanos. Esta es una situación un poco incómoda, es verdad, pero si has desarrollado un sólido control emocional sabrás darle un giro de tuerca a la entrevista. Conviene decir que los encargados de procesos de selección expertos en la inteligencia emocional; identifican con facilidad cuando una persona maneja sus emociones con racionalidad. Por lo tanto, lo único que tendrás que hacer será mantener siempre el equilibrio de tus respuestas, tu tono de voz, tu lenguaje no verbal. En lo consiguiente, recibirás la buena noticia.

Uso #5: En los primeros días, "el chico nuevo".

¿Por qué ser el chico nuevo es una oportunidad de oro para practicar la inteligencia emocional en el trabajo? Los primeros días en una oficina, o en cualquier trabajo, suelen estar cargados de nerviosismo, de ansiedad. Estas sensaciones, cuando no sabemos controlarlas, terminan tomando el poder de nuestras acciones y pensamientos. El profesional mejor entrenado en su área de estudio puede cometer errores incomprensibles al estar nervioso. ¿A quién no le ha sucedido algo así? Sin embargo, cuando has desarrollado habilidades asociadas a la inteligencia emocional, el aluvión de sensaciones y emociones de estos primeros días no será un problema.

Es una gran ocasión para demostrar estoicismo, carácter y un control emocional de acero. Al hacerlo, te aseguro que generarás una buena impresión tanto en tus compañeros como en los jefes. Y es que todos ellos pasaron por momentos parecidos, sintieron esa ansiedad, por lo que notar que tú gestionas estas sensaciones con tanta lucidez quedará marcado en ellos.

Inteligencia emocional en la casa

Las familias disfuncionales son un verdadero problema. Un desafío con mayúsculas que tenemos que afrontar con entereza y compromiso. Anteriormente te mencioné que no tenemos la posibilidad de escoger a nuestros padres o hermanos. Si esta posibilidad fuese factible, ¿cambiarías a tus seres queridos? La pregunta, aunque pueda parecer frívola, tiene un trasfondo interesante. Convivir con personas con quienes no nos llevamos bien nos resta energía, vitalidad. Nadie elegiría tener un núcleo familiar donde la comunicación esté rota, donde cada interacción se presente en forma de prejuicios, adjetivos e improperios. De allí la importancia de la inteligencia emocional como columnas para edificar un trato distinto y mucho más saludable.

Construir una comunicación efectiva con nuestros seres queridos es primordial desde todas las perspectivas posibles. Primero porque te ayudará a crecer, segundo porque conservarás intactas tus energías y vitalidad, tercero porque el hogar es ese sitio en el que descansamos de los trajines de la vida diaria. Todas estas son razones suficientes para hacer el esfuerzo de *sanear* nuestras relaciones interpersonales. Pero, ¿cómo hacerlo? ¿Qué estrategias has de seguir para ejercitar la inteligencia emocional en tu hogar y, así, erigir mejores relaciones? Este segmento está dedicado a brindarte algunas pautas esenciales para que transformes la realidad de tu hogar. La paz emocional que se consigue con estas técnicas es superlativa.

Estos son algunos de los escenarios en los que la inteligencia emotiva te ayudará:

Con tus familiares

No es un secreto para nadie que la relación con nuestros familiares puede convertirse en un verdadero desafío. La verdad es que el porcentaje de personas que se llevan bien con sus seres queridos (consanguíneos) es inferior a aquellos que sí pueden afirmar que gozan de una relación familiar funcional. La inteligencia emocional te ayudará a tener una mejor relación tus padres y otros familiares al entender que sus emociones forman parte de la vida. Lo mismo ocurrirá contigo, cuando hayas interiorizado que sentir estrés por algo es absolutamente normal y comprensible.

Personalmente siempre tuve una buena comunicación con mis padres, pero en mis años de experiencia me he topado con personas que han vivido situaciones incómodas o complejas en un núcleo familiar plagado de términos peyorativos, juicios de valor e irrespeto. La solución: una comunicación efectiva que se construye desde el manejo racional de las emociones que se sienten en el momento.

Con tus amigos

Hipocresía, envidia, resentimiento o rabia son sensaciones que llegan a nosotros con independencia de quien las haya provocado. Es posible querer mucho a alguien y sentir rabia por cuestiones como:

- Sensación de que no nos comprenden.

- Incompatibilidad de caracteres.
- Comunicación rota.

Sea cual fuere el caso, la inteligencia emocional juega un papel determinante. No introducir "nuestro mapa" en el mapa del otro es la clave para una comunicación exitosa. Si tú, por ejemplo, has identificado que tu mejor amigo interpreta el mundo a través de su sentido de la vista, entonces podrás redirigir tus estrategias para evitar acciones que puedan afectarle o interferir en la comunicación. Aunque se trate de un ejemplo sencillo, es muy representativo de lo que sucede en una relación de amistad cuando hablamos y actuamos sin considerar al otro.

Con tu pareja romántica

La empatía es la herramienta protagónica que nos provee la inteligencia emocional para llevar una vida romántica saludable, plena y feliz. A menudo se dice que las relaciones de pareja serán plenas en función de la comunicación que exista entre sus partes. Esto tiene mucho de cierto, pero de forma parcial. Comunicarnos *efectivamente* significa transmitir un mensaje de manera adecuada, concisa y transparente.

¿Puede pasar que nos comuniquemos claramente con alguien sin sentir empatía? Claro, se le llama manipulación. Y, como intuirás, una relación romántica en la que una de las partes manipula a la otra está condenada al fracaso.

Sin embargo, cuando ejercemos la empatía (esa capacidad de ponernos en los zapatos del otro), entendemos sus emociones tanto como las nuestras. Si nuestra pareja atraviesa una gran carga de estrés a raíz de dificultades laborales, haz uso de la comunicación efectiva (el mensaje y los instrumentos para que este llegue efectivamente a su destino) y la empatía para ofrecer alternativas que no irrumpan violentamente en el sistema de creencias, o "mapa", de tu pareja. Esta es una de las muchas formas en que la inteligencia emocional nos ayuda a mantener una relación romántica saludable y, sobre todo, funcional. Una relación en que ambos apunten hacia un mismo norte y no exista la manipulación bajo ningún concepto.

Inteligencia emocional en los niños

Una verdad incuestionable es que los más pequeños de la casa, en esos primeros años de formación, son como pequeñas esponjas que absorben todo lo que sucede a su alrededor, adhiriéndolo a sí mismos como una forma de conducta. Se ha dicho y escrito poco al respecto, pero los niños son otro de los grandes campos donde es posible aplicar la inteligencia emocional con un nivel bastante alto de efectividad. Pero, ¿de qué manera se puede hacer esto? O, mejor dicho, ¿por qué es una buena idea ayudar a nuestros hijos a desarrollar una inteligencia emocional que se adecúe a la realidad? Este segmento responderá a ambas preguntas desde un enfoque sencillo y metódico.

Para responder a la segunda pregunta, relacionada con la importancia de educar a los más pequeños en la educación emocional, partiremos de una reflexión publicada por Laurence E. Shapiro, una maravillosa doctora que ha estudiado el tema por varios años.

Nuestra nueva comprensión de la neuroanatomía y la psicología del desarrollo brindan a los padres muchas oportuni-

dades de ayudar a sus hijos a desarrollar un CE elevado; esperemos que des-
cubran decenas de ideas útiles para
ayudar a sus hijos a medida que lean
estas páginas. Algunas de las ideas que
presento las he denominado "trucos",
maneras simples de producir un efecto
instantáneo para cambiar el comportamiento de sus hijos. Por ejemplo, cuando trabajo con niños inclinados a pelearse con otros, les enseño la "técnica
de la tortuga". Una vez trabajé con
Sam, un niño de siete años que se pe-
leaba diariamente en el patio de recreo.
Le dije a Sam que cuando sintiera que
estaba a punto de pelearse, debía imaginar que era una tortuga que se retira-
ba dentro de su caparazón. Debía mantener los brazos a los costados del
cuerpo, los pies juntos, y bajar la barbi-
lla hasta el cuello. Debía hacer esto
mientras contaba lentamente hasta
diez, respirando profundamente en cada
número.

Y es que del mismo modo en que nuestra biología evolutiva nos ha preparado
para asumir determinados compromi-
sos, teniendo siempre como eje la "necesidad de sobrevivir", también hay
escenarios presentes en el mundo moderno que la evolución no pudo prever.
El cerebro racional de un niño es inma-
duro, lo que implica poca capacidad

para gestionar y apaciguar las emociones. Si tenemos en consideración que un niño, aunque diferente a nosotros en muchas cosas, también se ve golpeado por cuadros emocionales cada cierto tiempo, se hace más palpable la importancia de educarle para que maneje sus emociones con inteligencia en la medida de sus posibilidades.

Estas son 3 claves que te serán de gran ayuda para iniciar en tu casa un proceso de Educación a través de la inteligencia emocional. Al término de la lectura me cuentas qué te parecieron estas ideas.

Conviértete en el ejemplo a seguir: si en algún momento has dudado de esa frase popular que asegura que los niños son como esponjas, te invito a tomártelo más en serio. Se ha determinado que todos los seres humanos, en sus primeros años de vida, aprenden con la imitación. Este proceso se llama modelaje y es el que permite a los niños ir apropiándose de conductas que encuentra u observa en las personas que conforman su entorno más inmediato. La primera clave es, en este sentido, que seas emocionalmente inteligente para que tus hijos te imiten. No temas a verbalizar tus sentimientos o emociones; utiliza siempre un lenguaje basado en la empatía; evalúate profundamente y transmítelo con cada acción, pequeña o grande.

Comunicación saludable: recuerda en todo momento que los pequeños de la casa responderán de acuerdo a la forma en que tú te dirijas a ellos... la mayoría de las veces. Si quieres transmitir un mensaje claro, entonces piensa en las palabras que utilizarás (procurando que estas no sean hirientes, ofensivas o que les inste a sentirse desprotegidos incluso en tu presencia), incluso el tono es importantísimo cuando se trata de hacer llegar el mensaje de la mejor manera posible. Si le gritas a un niño, lo más probable es que él te grite también. Porque su cerebro aún no ha madurado lo suficiente para gestionar sus emociones, dejando todo el peso del aprendizaje al modelado, del que ya hablamos.

Valida las emociones: pero, ¿qué significa esto? No te preocupes. Educar es una tarea ardua, lo sé, pero también puede convertirse en un increíble paseo de retroalimentación y cultivo de las emociones. Ten presente que las emociones básicas son ineludibles, innatas. Esto supone saber identificar y validar las emociones en nuestros hijos. Una vez que hayamos conseguido identificarlas, empieza el proceso de validación. ¿Validación de qué manera? Aceptándola, respetando cada emoción que el pequeño manifieste, independientemente de si nos gustan o no. Está absolutamente prohibido restarle importancia a las emociones de nuestros hijos. Esto propiciará que se sienta incomprendido y se rompa toda conexión con nosotros.

Las cualidades demostradas por los niños de la clase de jardín de infantes de la señorita Ansel —persistencia, optimismo, automotivación y entusiasmo amistoso— forman parte de lo que se denomina inteligencia emocional. La inteligencia emocional, o CE, no se basa en el grado de inteligencia de un niño, sino más bien en lo que alguna vez llamamos características de la personalidad o simplemente "carácter". Ciertos estudios están descubriendo ahora que estas capacidades sociales y emocionales pueden ser aun más fundamentales para el éxito en la vida que la capacidad intelectual. En otras palabras, tener un CE elevado puede ser más importante para tener éxito en la vida que tener un CI elevado medido por un test estandarizado de inteligencia cognoscitiva verbal y no verbal.

Lawrence Shapiro.

Conclusión

En un mundo cada vez más complejo y variable, entender cómo funcionan nuestras emociones es fundamental. ¿Quieres crecer como individuo? ¿Quieres mejorar tus relaciones sociales, profesionales, románticas? ¿Quieres ser capaz de controlar, con inteligencia y lucidez, el aluvión de emociones que la vida trae consigo? Ahora que has llegado al final de este paseo, entiendes mejor que nadie que es posible. De hecho, más que posible es una responsabilidad que debes firmar contigo mismo y con tu superación personal.

A lo largo de los nueve capítulos que componen la estructura de este libro has aprendido muchas cosas de gran importancia en lo concerniente a este tema: la relevancia de la inteligencia emocional, por qué cada vez más empresas exigen esta competencia en los procesos de selección, de qué manera un buen control emocional supone mejoras significativas en el relacionamiento con los demás. Y, yendo mucho más allá, ahora eres conocedor de algunas técnicas y recomendaciones neurálgicas para alcanzar un nivel de inteligencia emocional superlativo, correlacionado con los tiempos que corren, donde las cotas de estrés y ansiedad han superado lo antes visto.

Este es el quid del asunto que hoy damos por terminado: las emociones como problema en lugar de las emociones como combustible. Solo quienes no han desarrollado inteligencia emocional se dejan absorber por las circunstancias, como analizamos en algunos de los segmentos anteriores. Las emociones, pues, son el espacio en el que construirás tu nuevo yo, si aplicas las decenas de recomendaciones aprendidas en este libro. Y es que las emociones son ineludibles, es un acto propio de nuestra biología evolutiva. Ignacio Morgado, en su increíble libro Emociones corrosivas, lo plantea de la siguiente manera:

> Las emociones llegaron a nuestro planeta para hacer más efectiva esa garantía (evolutiva). Consisten en reacciones automáticas que el cerebro genera ante estímulos o situaciones que son de especial relevancia para los animales y las personas. En el curso de la evolución se

perfeccionaron y multiplicaron penetrando progresivamente en todos y cada uno de los procesos mentales y conductuales. Hoy forman parte de nuestra esencia aun siendo como somos seres racionales superiores. No es exagerado afirmar que la vida humana se ha construido sobre un fondo emocional que influye poderosamente en nuestro modo de vivir, de pensar y de comportarnos. Una vida sin emociones sería muy diferente a la que conocemos.

Daniel Goleman, quien es mundialmente reconocido como el fundador y principal difusor de la inteligencia emocional, también hace referencia a la función "evolutiva" de las emociones.

La herencia genética nos ha dotado de un bagaje emocional que determina nuestro temperamento, pero los circuitos cerebrales implicados en la actividad emocional son tan extraordinariamente maleables que no podemos afirmar que el carácter determine nuestro destino. Como muestra la cuarta parte de nuestro libro, las lecciones emocionales que aprendimos en casa y en la escuela durante la niñez modelan estos circuitos emocionales tornándonos más aptos —o más ineptos— en el manejo de los principios que rigen la inteligencia emocional. En este sentido, la infancia y la adolescencia constituyen una auténtica oportunidad para asimilar los hábitos

emocionales fundamentales que gober-
narán el resto de nuestras vidas.

Pero ahora que estás disfrutando de los
últimos párrafos de este libro, y de que
tus conocimientos sobre el tema (estoy
más que seguro) ahora son profundos
y sólidos, ¿qué mejor manera de darle
un cierre de oro a este proyecto que
mediante 4 conclusiones básicas que se
desprenden de las reflexiones, obser-
vaciones y sugerencias halladas en estos capítulos? Vamos a ello.

Conclusión #1: lo primero, aceptar las
emociones.

Por lo expuesto en la cita anterior, las
emociones estarán en nosotros hasta el
día en que fallezcamos. Forman parte
del día a día, de la vida, de nuestra
evolución como especie. De manera
que es ineludible. ¿Cuál es, pues, la
mejor estrategia para liberarnos de su
yugo? Aceptarlas. Aceptarlas como parte del problema (y, en cierto sentido,
parte de la solución). En la medida en
que las aceptemos como un compañero
más del camino, seremos capaces de
tomar decisiones directamente relacionadas con una mejor gestión de las
mismas. Esta es la primera conclusión
que se desprende del libro porque, co-

mo figura en los tratamientos para pacientes dependientes de alguna sustancia, "lo primero es aceptar que se tiene un problema". Con las emociones sucede algo parecido.

Conclusión #2: hacer de tus emociones, aliadas.

Ser emocionalmente débil es una situación que no nos lleva a ningún lado, conclusión inobjetable tras la lectura de este libro. Pero, ¿acaso las emociones no cumplen más función que la de alterar nuestros sentidos, nuestra psiquis? Sí, las emociones son increíbles como aliadas, cuando no tienen el poder de decidir por ti. ¿El tráfico está muy pesado justo el día en que abres tu negocio? Dos escenarios posibles:

a. Las emociones enemigas te atacarán, desequilibrando tu salud mental y psíquica. En consecuencia, tomarás malas decisiones, pasarás el resto del día condicionado, errático, disfuncional.

b. Las emociones aliadas, al estar presentes, indicarán el camino a tomar. Las emociones dejan de ser enemigas cuando les arrebatamos el poder. En consecuencia, y aunque parezca un reduccionismo, se tornan aliadas. Es un juego de poder en el que tu salud y crecimiento personal están en riesgo.

Conclusión #3: crece en el mundo laboral

El sexto capítulo de este libro te proveyó de algunas reflexiones y sugerencias asociadas a la aplicación de la inteligencia emocional en distintos ámbitos, entre ellos el mundo laboral. ¿Por qué algunos profesionales están mejor relacionados y crecen (jerárquicamente hablando) con mayor facilidad que otros? ¿Por qué te ha sido negado ese ascenso por el que te esforzaste tanto en el último semestre? El mal manejo de tus emociones es una oportunidad de mejora en la que todos los profesionales, con independencia de su área, deben trabajar minuciosamente. En primer lugar porque la inteligencia emocional es una competencia exigida por los vicepresidentes y directores, así como por los especialistas en la gestión del talento humano. En segundo lugar porque, sin esta competencia, aunque recibas el cargo que tanto has anhelado no serás eficiente. En consecuencia, habrás perdido una oportunidad de oro.

Conclusión #4: crece en tus relaciones sociales

La última conclusión de este libro, también extraída del sexto capítulo, es que la inteligencia emocional prepara el camino para relaciones sociales más funcionales, exitosas y sanas. Las habilidades comunicativas son parte del éxito en nuestras relaciones interpersonales, pero, ¿qué sucede cuando, aunque seamos hábiles comunicadores, nuestro discurso sufre cambios negativos al momento de padecer una fuerte carga emocional? De nada sirve ser un gran orador (¡el mejor del mundo!), si entramos en cólera cuando nos invaden el estrés, la ansiedad y la incertidumbre. Para completar el cuadro de un comunicador exitoso y eficiente es menester que sepamos controlar nuestras emociones, impidiendo que estas sean protagonistas en la toma de decisiones, en el discurso, en el *cómo* nos dirigimos a los demás.

CPSIA information can be obtained
at www.ICGtesting.com
Printed in the USA
BVHW062248250221
601130BV00001B/148

9 781801 561167